JN094305

すぐやる習慣、はじめました。

Takuya Mizue
水江卓也

すばる舎

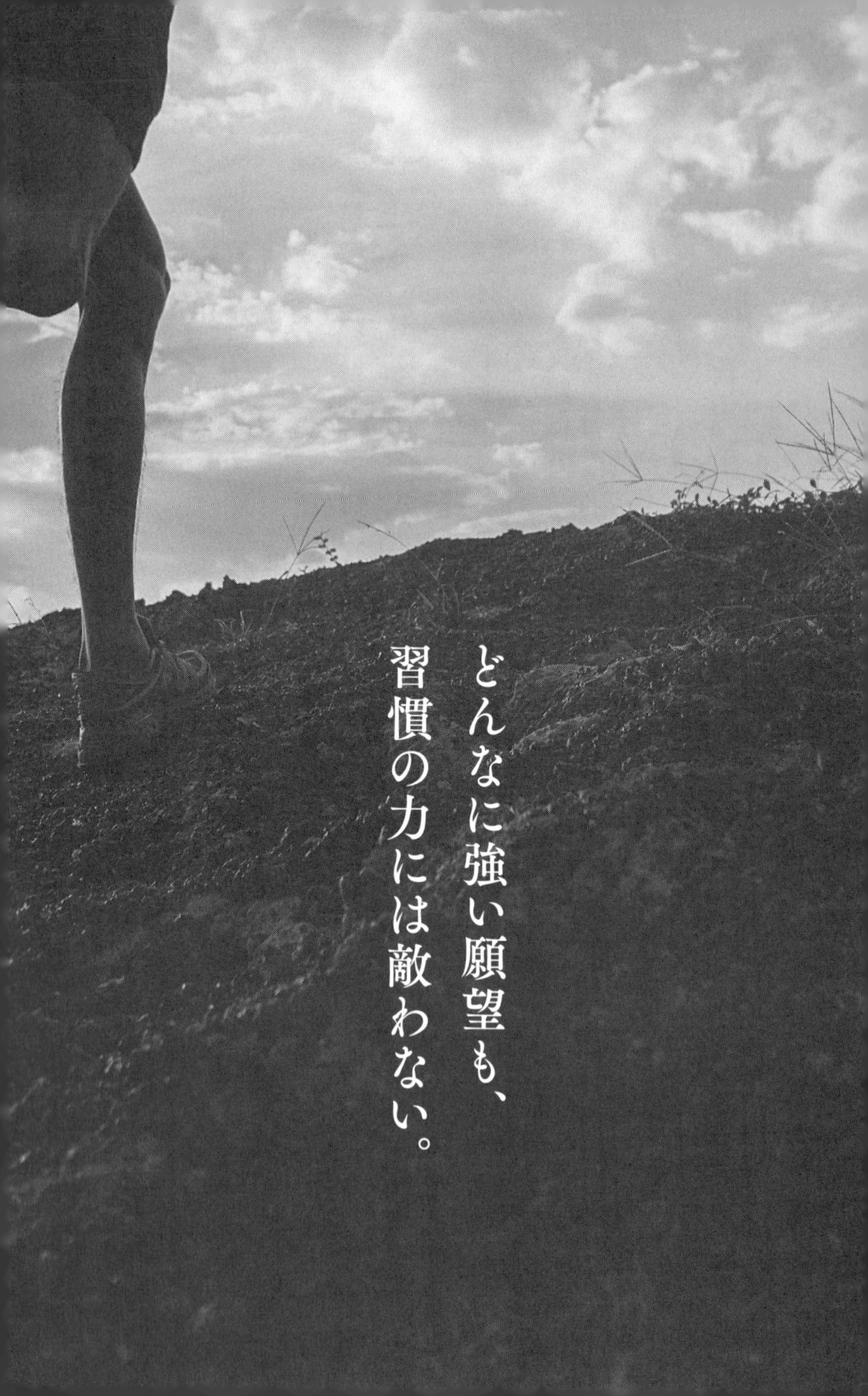
どんなに強い願望も、
習慣の力には敵わない。

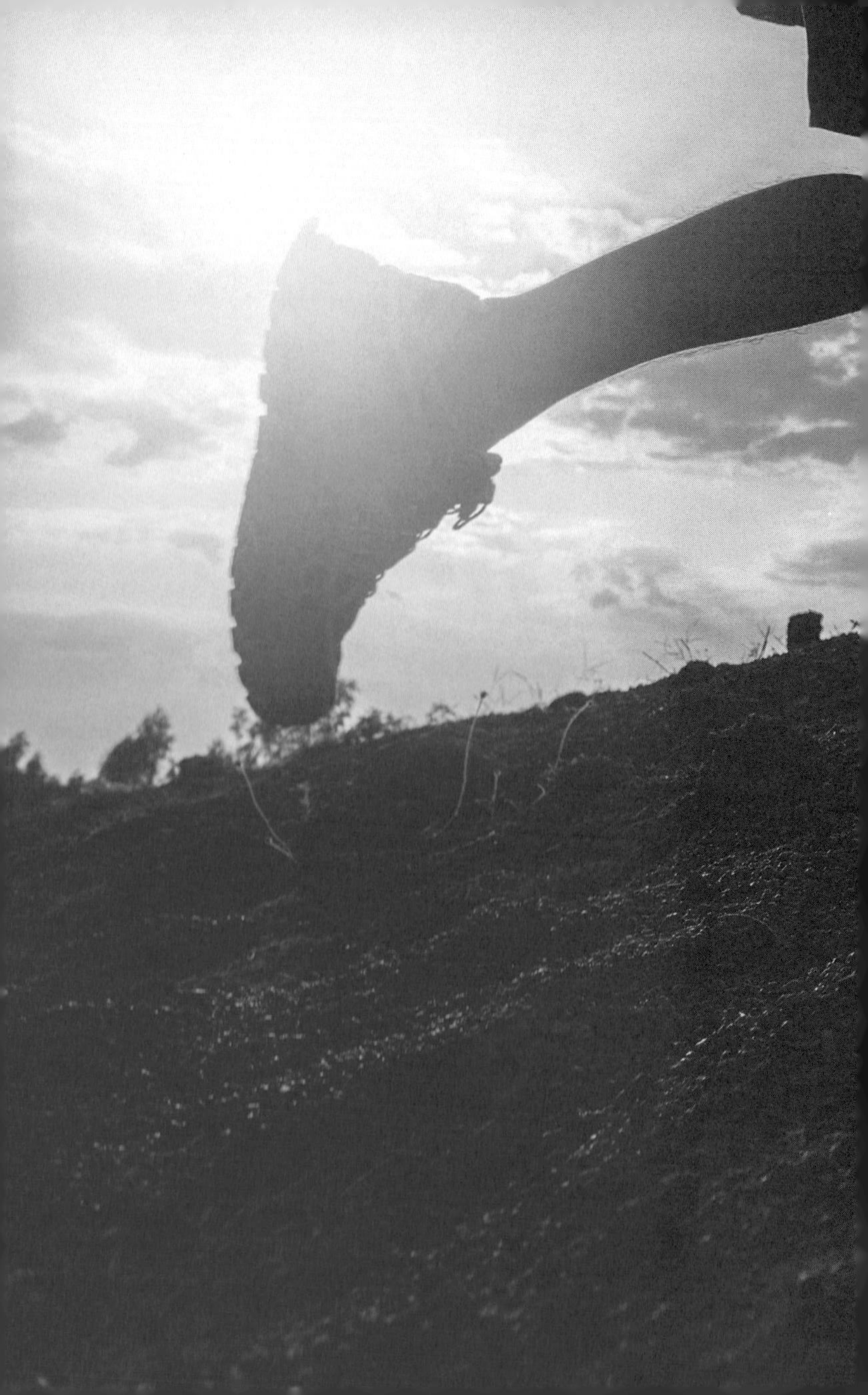

断言します。

人生を変えるのは、習慣です。

「やせたい」と思っても、
やせるための習慣を持っていないと、
やせることはありません。

・食べる量の調整
・食事の時間の管理
・定期的な運動

どれだけ強く「やせたい」と願っても、
これらのことを実行しないと、
やせることはできません。

人生も同じです。
強い願望だけでは変わることはできません。

習慣こそが、人生を変えるのです。

いきなり結論です。

習慣化できない、という人はいません。

もしいま、あなたが習慣化の大切さがわかり、それでも「習慣化できない」と悩んでいるとするならば、ご安心ください。大丈夫です。

どんな人でも習慣化はできます。

いや、正確に言うと、すでにできているのです。

あなたが、次の問題に1つでも当てはまっているとすれば、本書はおすすめです。

◎いつも「今年こそはやる」「今日こそはやる」と〝ここそこそ詐欺〟になってしまっている

◎「何でも続く人は、意識が高い人なのだ」と思っている

◎「習慣にするには、才能や特別な力が必要だ」と思っている

◎「自分は何をしても続かない」と思っている

◎何をしても中途半端で、続かない自分に嫌気がさしたり、落ち込んでしまうことがある

◎「こうやったらうまくいくよ」という情報にたくさん踊らされてきた

◎ダイエットや資格試験の勉強に挑戦し、あきらめたことがある

これまで新たな習慣を取り入れようとチャレンジをしてきて、何度も挫折してきた、すべての方に本書を贈ります。

すぐやる習慣を手に入れる34のアクションプラン

1	「三日坊主」の自分をほめてあげる
2	とりあえず「触れる」だけでOK
3	「絶対にやらなければ」と、自分を追い込まない
4	身のまわりの「すぐやる人」を探す
5	「その先のなりたい自分」を具体的に描く
6	3割の「すでにできていること」に目を向ける
7	最初の一歩はハードルを下げ、とにかく初動を起こす
8	ご褒美をつけることで、「つらいこと」→「好きなこと」に変える
9	「今日できるもの」まで、行動を細分化する
10	いま、自分がもっともリラックスできる言葉を言ってみる
11	なぜやりたいのかを明確にして、それができるようになるための情報を得る
12	素直に、すぐに、やってみる
13	最高の1行に出合ったら、すぐに本を閉じ、実行する
14	必要ないスマホの通知は残しておかないようにする
15	夢中になれるものを書き出してみる
16	起きたらすぐに窓を開け、深呼吸する
17	1日1つだけ片づける

はじめに

世界一優しく「すぐやる習慣」を手にできる方法

「新しく〝やる〟と決めたことをもっと続けられたら、人生、よくなるのに……」

そう思ったことは、ありませんか？

じつは、その悩みを抱えているのはあなただけではありません。

多くの方が習慣化できないことや、すぐに行動を起こせないことで悩んでいます。

そんなあなたを救うために、本書を書きました。

いきなりですが、習慣化するうえで必要なことを結論から言います。

それは「心を軽くすること」です。

本書でお伝えすることを身につけていただければ、あなたは必ず「すぐやる自分」に生まれ変わることができます。


じつは、多くの方が習慣化について勘違いをしています。

習慣化と言うと「自分に厳しく」「行動を律する」と思われてしまうということです。

実際は違います。

答えは「自分に優しく」です。

自分に厳しく行動できるようになれば、それに越したことはないと思うかもしれません。

ですが、想像してみてください。そのときの心は笑っていますか？

心が笑っていないまま無理やりに習慣にしてしまうと、いつか疲れが出てしまい、結果的に続かなくなってしまうのです。

無理やりに根性論で習慣化させようとしても、長続きしないのです。

心は正直です。素直に反応してくれます。

つまり、心がワクワクして楽しいと思えていると、やろうとしなくても勝手にやりはじめ、自然とそれは長続きします。

しかし、心がザワザワしながらつらい思いをして、無理やりにやろうとしたら、その一歩を踏み出すのにエネルギーがかかります。結果、なかなか動き出せず、動き出したとしてもどんどん疲弊していき、長続きしなくなります。

ですから、大切なことは「心に正直に」です。

あなたの心はいま、笑っていますか？

自分に嘘をつかず、いまの自分に合った方法を見つけるのです。

もっともカンタンな習慣化の34の方法

自分に厳しくすればするほど、嫌な気持ちが高まり、長続きしません。

自分に優しくし、自分の心の声をしっかり聞いてあげながら行動していくと、勝手にやり続け、習慣化されることになります。


人は、少しでも楽に生きたいと思う生き物です。

楽をするというのは、自分を甘やかすということではなく、リラックスしてエンジョイするということです。つまり、自然体で力を抜きながら、楽しむことです。

この方法が、もっとも長続きすることを保証します。


少しでも自然体で、楽しく習慣化できる方法を見つけていきましょう。

本書では、とにかく習慣化できずに悩んでいたり、すぐに行動できずに苦しんでいたり、自分に自信が持てなくなった人に対して、ほかのどの本よりも寄り添い、あなたが希望の一歩を踏み出せるきっかけとしていただくための**34の方法**を書きました。

読み終わったころには、少しでも気持ちが楽になって、身体が軽く感じてきて、「よし、やってみるか」となってもらえるような構成にしてあります。

心と身体は連動しています。
これまで頭ではわかっていても身体が動かなかったのは、じつは頭ではなく、心が拒否反応を示していたからです。

身体を動かすためには、心を動かすことです。
つまり、心に楽をさせること。
それが、身体が軽く感じて、すぐに動けるようになるためのポイントなのです。

じつは私自身、いまこの原稿を書きながら、心が楽になっています。書いているうちに心が楽になり、「本当に気持ちよくなってきているか？」を基準として執筆していますので、**「あなたの心が軽くなる」ということにとにかくこだわり抜いていることをお約束します。**

「すぐやる」コツは、「すぐやりたくなる」状態をつくること

もう1つ重要なのが「**すぐやる**」ということです。

「すぐにやること」「行動すること」をテーマにずっと講演をしてきた私ですが、人に教える立場でありながら、私自身もなかなか重たい腰が上がらずに、常にあとまわしとなり、結果、仕事が増えて大変になることがよくありました。

でも、あるときにふと思ったのです。

「あれ、子どものころにハマっていたゲームは、すぐやりたくてうずうずしていたよな」
「仲間と公園でしていたバスケットボールが楽しみで、早く学校が終わらないかなぁと思っていたよな」

そのときに気づきました。
すぐやることとは、すぐにやりたくなること。
すぐにやりたくなるように、自分を持っていけばいいのだということに。

いかにワクワク、楽しく習慣にできるかが人生のポイントなのだと気づいてからは、私の辞書から「あとまわし」「先延ばし」という言葉が消え去りました。

本書には、すぐにやりたくなるようなワクワクを感じられる「とっておきの秘密」も満載です。それには強い意志も、やる気も、集中力も必要ありません。

いまから、私と一緒に運命の扉を開けてみませんか？

本書を手に取っていただいたということは、あなたはすでに「**すぐやる習慣**」を手にする力があるということ。そうでなければ、あなたの心は本書に反応しなかったはずです。


この本は、あなたのこれからの人生を劇的に生きやすく変え、最初の一歩を踏み出す扉のドアノブとなるでしょう。

その先には、新たな世界が待っています。

それも、見たこともないような素晴らしい世界が。


準備はいいですか？

共に扉を開けましょう。

第１章

まずは、できない自分も認めてあげよう

第2章

一番カンタンな「すぐやるマインド」への切り替え方

第3章 すぐやる習慣、はじめます。

「しくみ」と「環境」で強制的に行動力アップをする

第4章

最終章 「すぐやる自分」に生まれ変わる

第1章

まずは、できない自分も認めてあげよう

01

三日坊主？いやいや、3日もできたことがすごいです

「何か新しいことをしよう」と決意したときに、必ずと言っていいほど私たちの前に訪れるものがあります。そう、**「三日坊主」**です。

最初の3日間はがんばってできたとしても、4日目からはできない。飽きてしまって長続きしない。

年が明けて「今年こそは運動するぞ！」と決め、1月1日から気合いを入れてランニングをはじめても、もう3日目からは起きるのもめんどくさくなり、「寒いから」という理由で走らなくなる……。よくあることですね。

これが**「モチベーション」に頼ってしまう怖さ**です。

最初は、多くの人が勢いで行動を起こせるのですが、モチベーションが下がると一気にできなくなってしまいます。

たしかに初動は大切ですが、無理やりに勢いでスタートしてしまうと、もちろんその反動もあるということです。

これが習慣化の壁であり、継続できない理由となります。

ですから、モチベーションに頼らずに、自然とできるようになればいいのです。

でも、そう簡単にはいきませんよね。

何ごともそうですが、無意識にできるようになるまでには時間がかかります。

思い出してみてください。あなたはすぐに自転車に乗れるようになりましたか？　きっとなれなかったと思います。

何度も転んでは立ち上がり、それを一生懸命に繰り返し、やっと乗れるようになったと思ってもまだぎこちなく、何も考えずに乗れるようになるには時間がかかりますよね。

それと同じです。

最初からできるようになるとは、思わないことです。

自慢して、武器に変えてしまおう

では、どうすればいいのか？

こう考えてみましょう。

「3日も続けることができた！」

「3日しかできなかった」ではなくて、「3日もできたのだ」と誇らしく思うのです。

そして「3日続けられたことが、これまでの人生で何回あったか？」を思い出します。

多くの方はここが自信をなくし、自分をさげすんでしまうポイントだと思うのですが、本書では違います。むしろそれを自慢し、武器に変えましょう。

なぜなら、それも立派な習慣で、「すぐやる力」になっているからです。

どうせなら三日坊主を100回やりましょう。

そうすれば、「100個も新しい行動をした人」になれます。

三日坊主は、すごいことなのです。

アクション
1
プラン

「三日坊主」の自分をほめてあげる

02

できなくても、あなたは100点

新しいことにチャレンジする際、「完璧にできるようにならなければ！」と思いがちですが、それが続かなくなる理由の1つです。

何より大切なことは「できる」「できない」ではなく、「すぐやること」です。

根本的に、目的が違うのです。

「できること」ではなく「すぐやること」なのです。

「でも、その〝すぐやる〟ができないんだよ」という人もたくさんいると思いますが、そんなに難しく考えないでください。

すぐやることとは「触れること」。

まずは触れてみるだけでいいのです。

もっと気持ちを楽にしましょう。最初から追い込もうとしないでください。

すぐに習慣にできないのは、やる前から気持ちが下がり、初動が重くなってしまうことが原因です。だとすれば、この原因を解決することが必要です。

なぜ、気持ちが下がるのか？
なぜ、やる気にならないのか？

それは最初から「完璧にしよう」「うまくやろう」としてしまうからです。なんでも最初から完璧にできたり、うまくできることはありません。

生まれた瞬間から立てたり、歩けたりする人はいません。運動をしていても、すぐにプロになれることなんてありません。最初から完璧にしようとすることは、野球をはじめた人がいきなり甲子園に出場しようとするのと同じです。どう考えても無理な話です。

最初は基礎練習や体力づくりからはじめ、そこからボールを投げたり、バットを振ったりするようになります。

そのあとにようやく「いい球を投げよう」「バットに当てよう」となってきます。

それができると、今度は「相手に打たれないようにする」「より遠くにボールを飛ばそうとする」というレベルに成長していきます。


すべてのものごとには順序があり、練習が必要になるのです。

それがわかっているのに、どうしても日常のことに置き換えると「すぐにできるようにならないとダメだ」と思ってしまうのです。


大事なことは「できるようになる前に触れること」。

触れているといつか「できる」ようになるのです。


できるようになるには時間がかかりますが、触れてみるだけなら時間はかかりません。

すぐにでも、誰にでも、できることです。

むしろ、何もできない人だからこそ、できることなのです。

完璧を求めてはいけない

できても、できなくてもOKです。**むしろ最初は、できなくても100点です。**

いきなり大きなことをやろうとするのが大切なのではなく、最初のきっかけをつくることが大切で、何ごともやってみなければわからないことばかりです。

釣りを好きになるためには、まずは釣り竿を持つこと、振ってみること、海や川に行ってみることからです。

魚を釣ることではありません。いきなり魚を釣ることを目的にしてしまうと、釣れなければそこであきらめてしまったり、おもしろくなくなってしまい、続かなくなります。

習慣も同じです。順序を誤り、いきなり「完璧」を求めてしまうと、できなかったときの反動でやる気がなくなり、続けようと思わなくなります。でも「触れること」ならば誰でもできることです。

誰でもできるところからはじめる、これがポイントです。

習慣化されることにおいて重要なのは「興味」です。無関心な状態からはじめても当然続けようという気になりません。
興味を持つようになるためには、やはり「触れること」なのです。

たまたま以前に行った場所や、食べたものが、テレビで放送されていたら、そこがよかったとか悪かったとかは関係なく、また、美味しかったとかまずかったとかも関係なく、「あ、あそこ、このあいだ行ったなぁ」「あ、あれ食べたなぁ」と反応するようになりますよね。

このように、人は触れただけで即座に反応ができるようになるのです。

それが興味となり、意欲を高めることになります。

そこから「もっと知りたい」「もっとやりたい」と、学習や追及といった深掘りにつながってくるのです。そうなったときには自然と習慣化され、続いていくことになります。

この順番を間違えないことです。まず触れること、まず体験することによって「興味」を持ち、そこから意欲が出てくると、もうあとは勝手に習慣化されるようになるのです。

アクション 2 プラン

とりあえず「触れる」だけでOK

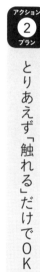

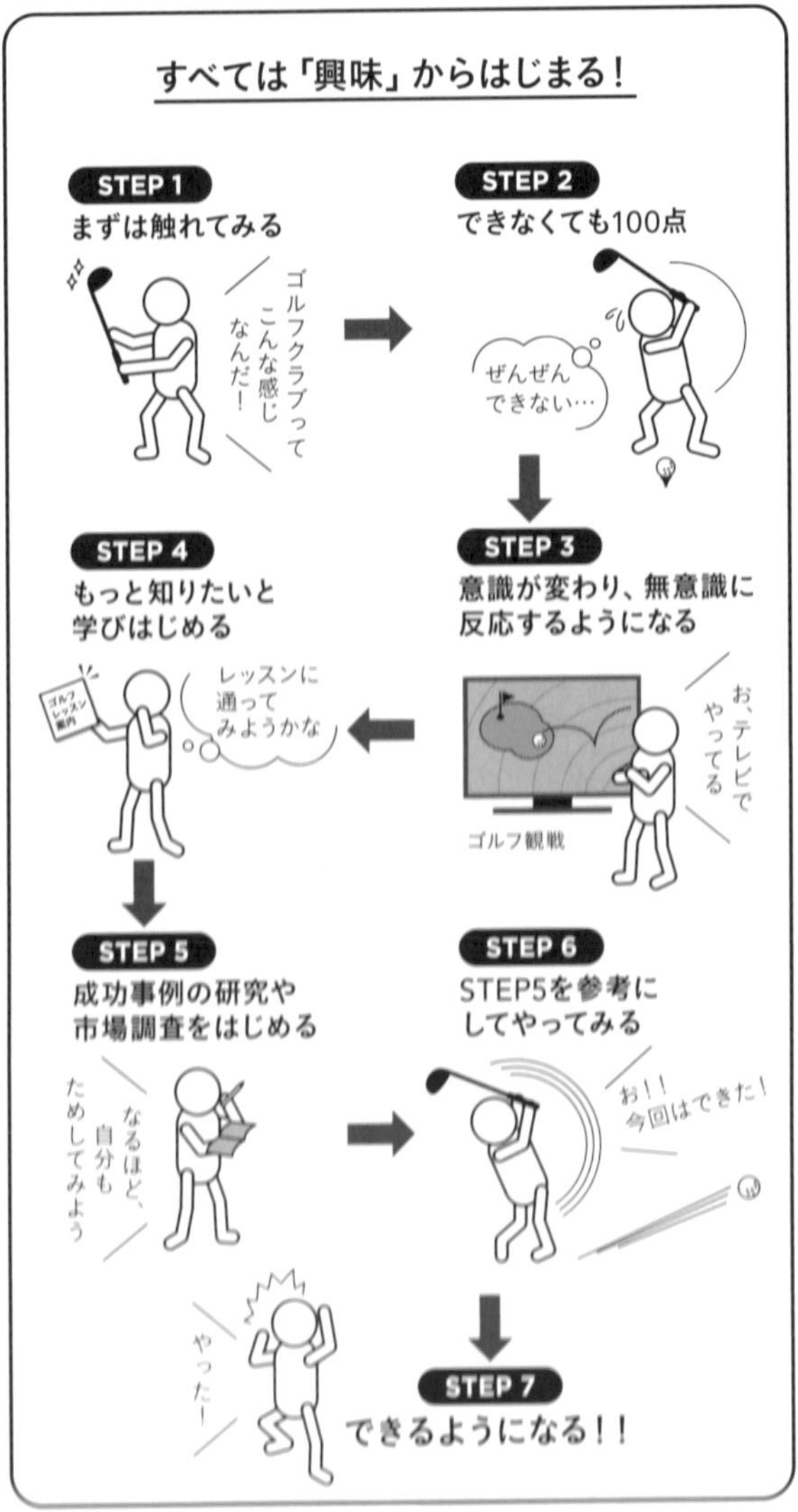
すべては「興味」からはじまる！
STEP 1
まずは触れてみる
ゴルフクラブって こんな感じ なんだ！
STEP 2
できなくても100点
ぜんぜん できない…
STEP 3
意識が変わり、無意識に反応するようになる
お、テレビで やってる
ゴルフ観戦
STEP 4
もっと知りたいと学びはじめる
ゴルフ レッスン 案内
レッスンに 通って みようかな
STEP 5
成功事例の研究や市場調査をはじめる
なるほど、自分も ためしてみよう
STEP 6
STEP5を参考にしてやってみる
お！！ 今回はできた！
STEP 7
できるようになる！！
やった－

03

許容範囲を広げて、「自分ルール」をもっと優しくする

「はじめに」でも書いたように、「習慣化」と聞くと、自分に厳しいというイメージがあるでしょう。しかし逆に、それが続かない理由にもなっているのです。

日々のなかで一貫して「やり抜く」ということは大切であり、たしかにそれが一番のメンタルトレーニングになるのですが、一方で、**厳しくするがゆえに、たった1回でも続かなかったりすると「もうダメだ」となり、あきらめてしまう……。**心当たりのある人も多いはずです。

続けることは大切です。続けることには意味があります。ですが、たった1回できなかっただけで「もうダメだ」と終わってしまうのはもったいないことです。

そもそも、誰かに決められるものでもないですし、契約を交わしているわけでもありません。できなければすべてが終わるわけでもありません。

ですから習慣化していく際に、もう少し、優しいルールを決めましょう。

私にもさまざまな習慣がありますが、体調のすぐれないときや、遅くまで飲み会が続き酔っぱらってしまったとき、家族と旅行に行って楽しんでいるときなど、つい、いつもの習慣をやれずに終わってしまうこともあります。

そのようなときは「**日付が変わっても寝るまでにできればセーフ**」という新ルールを設けたり、「**次の日の午前中までなら大丈夫**」とルールを優しくすると、たとえその日のうちにできなかったとしても、あきらめずに継続していくことができます。

自分に甘くではなく、自分に優しく

そもそも目的は、何も考えずただ毎日やることではなく、継続することによりそれを体得したり、成長したりすることにあります。

ですから「目的」と「手段」をはき違えないようにすることです。

「毎日やる」だけを目的にしてしまうと、これは本末転倒です。

私はいま「エネルギーを上げる」をテーマにした音声を毎日配信しているのですが、休まずに2000回も継続して配信することができています。月日にすると約5年5か月。

これだけの月日を継続できている背景には、「毎日配信をする」という決めごとの許容範囲を広げ、少し自分に優しいルール設定をしたからです。


決して自分に甘いということではありません。自分に優しくするということです。**追い込みすぎて、「絶対にしなければいけない」となってしまうほうが負担となり、結果、あきらめて終わってしまうことになります。それよりも、どうであれ「続けることで得る成長」のほうが大事なので、ルールを優しくしてでも実行したほうがいいということです。**

そのおかげで音声配信を続けられているし、それによってプレゼン力やアウトプット力が磨かれ、成長を感じられています。

自分ルールをもう少し優しく設定し、続けることを優先しましょう。

アクション
3
プラン

「絶対にやらなければ」と、自分を追い込まない

04

「がんばる」が続かないなら、いっそ「がんばらない」を続けてみよう

「なかなか行動できない」と思っている人は、自分がやろうとするよりも、「すぐやる習慣」が身についている人の近くにいることからはじめましょう。

むしろ、もうそれ以外はしなくてもいい、くらいに割り切ってもOKです。

そして、その人の近くに行ったら「自分もできるようになる！」という期待もすべて捨てましょう。

期待してしまうと力が入ってしまい、それだけで負担になってしまうこともあります。

大切なことは、すべて力を抜き、リラックスできる状態をつくることです。

無理をしない状態をつくり、がんばらないことです。

がんばってできないならば、いっそのこと「がんばらない」をやってみるのです。

がんばることが続かないのならば、がんばらないことを続けてみる。

これならできそうではないですか？

まずは何をするというよりも、続けられていることを実感するのです。「あ、これは続いている」と思えるものがあれば、その感覚を大切にするのです。

「がんばることは続けられない」「がんばらないでいいことは続けられる」という考え方ではなく、「続けられた！」と思えることを大切にするのがポイントなのです。

「続けられている自分」をしっかりと知り、受け入れることができると、その自分を信じることができます。

そうすると「私は続かない人」ではなく「私は続けられた人」と思えるようになります。

そして、がんばらなくても続けられる方法としてわかりやすいのが、もうすでに「すぐやる習慣」が身についている人の近くにいることなのです。

あなたの基準は、能力ではなく環境が決める

たとえ自分はとくに何かをがんばっていなくても、「すぐやる人」の近くにいると、その人の感覚がうつってきて自分の基準が変わってくることがあります。

基準とは、能力ではなく環境で決まります。

どの環境にいたかで、勝手に基準が変わってくるのです。

子どもは、生まれたときから二か国語を話す家庭にいたら、自然と二か国語を話せるようになります。これは本人の能力や努力はそれほど関係ありません。生まれてすぐに二か国語を扱う環境にいたからです。

両親が医者の家庭に生まれたら自然と医者になりやすく、経営者だったら経営者になりやすいのと同じで、ほかの人と比べると明らかに無理なく実現できるようになるのです。

ですから「誰の側にいるか？」で基準は決まってくるのです。
そこに特別な能力や努力は必要ありません。

同じ接客業でも、たまたまコンビニエンスストアで勤めたAさんと、高級ホテルで勤めたBさんなら、どちらが接客業としての力をつけるでしょうか？

当然Bさんですよね。

別にコンビニエンスストアが悪いと言っているわけではありません。ただ、求められる接客レベルが違うだけで、自分の成長も変わるという意味です。

ここに最初から能力の違いがあったかと言うと、答えはNOです。

たまたまその環境にいたからだけです。

環境は非常に大事なのです。環境で自分の基準は決まります。

ですから「すぐやる人」の側にいるだけで、勝手に自分の基準が上がり、気がつけばあ

なたも「すぐやる人」になっているのです。

特別なことを求めなくても、同じ環境にいるだけでも変化は起きていきます。決してがんばらない。側にいるだけでＯＫです。

もし、近くにそういった人がいなかったり、簡単に近づけないような状況でしたら、映像や本でもＯＫです。

直接ではなかったとしても、間接的にずっと側にいるようにしましょう。側にくっついていて、基準を上げていくのです。

アクション ４ プラン

身のまわりの「すぐやる人」を探す

05

「その先の自分」に恋をする

「やると決めたことができない」

そんなことは誰にだってあります。

なぜ、できなくなるのか？

その1つとして挙げられるのが、「目の前のこと」にしか目が行かなくなるからです。

「やらなければいけない」「しなければいけない」と、目の前のことしか見えていない状態なので、現実的につらいことやしんどいことにしかフォーカスしなくなります。

たとえば筋トレをしようと決めたけれどなかなか続かない。腕立て伏せや腹筋のつらさを考えてしまい、身体が動かなくなります。

サッカーをやると決めたにもかかわらず、練習がつらい、走り込みはしたくないと、目の前のことで挫折してしまうのです。

もちろん、何かを得ようとするならば、何かの代償を払わなければいけないときは多々あります。体力だったり、時間だったり、お金だったりです。

でも、それは瞬間的なものであって、大切なことは「その先」をどれだけ見るかです。

「できていない自分」を見る必要はない

いま、なぜそれをやりたいのか。

その理由は誰のなかにも必ずあります。

筋トレをしようと思った理由は、身体を引き締めて、どんな服でもおしゃれに着こなし、まわりから素敵と言われたいからとか、あこがれの人にプロポーズしたいから。

サッカーをしようと思った理由は、ワールドカップを観て感動して、自分も人を感動させられるような選手になりたいから。

このように「それをしたあとはどうなるのか？」「なぜそれをしようと思ったのか？」

という理由を考え、それをできた先が見えるようになると、気持ちがブレず、ワクワクが続き、やると決めたことができるようになるのです。

大事なことは、いまの自分を信じるのではなく、未来の自分を信じる力を持つこと。いまできていなくていい。未来の自分はできている、と思えればいいのです。

いま目の前の「できていない自分」「自信のない自分」「だらしない自分」を見る必要はありません。その先の「できた自分」を想像して、恋をしましょう。

できたときの自分にドキドキすることができると「やりたい」が勝つようになります。

アクション
5
プラン

「その先のなりたい自分」を具体的に描く

あなたは、どんな自分だったら恋をできますか？

なれる・なれないは関係なく、最高にドキドキする自分を描くのです。

第2章

一番カンタンな「すぐやるマインド」への切り替え方

06

未完成でスタートしよう

「完璧にしなければ、はじめられない」という考えは、今後一切、捨ててください。

その考えでいるといつまでもはじめられずに、時間だけがムダに過ぎてしまうことになります。


なぜなら、最初から完璧になることは絶対にないからです。

完璧とは、やりながらしていくものだからです。


すぐにやれない人の共通点としてあるのは、この「完璧主義」です。

その考え方を取り払わない限り、いつまでたってもスタートは切れません。

誰もが最初は初心者であり素人です。ですから、大切なことは「完璧にできること」ではなく「たくさんやること」です。

たくさんやるためには、考えている暇はありません。

すぐにやり、１つでも、１回でも多くの経験を積むことです。

準備をすることは大切ですが、すぐに結果を出そうとしないことです。

3割できていたら、GO

コツは**「3割くらいの完成度ならGO」**と思うことです。

視点を「足りていない7割」に向けると、できていないことに意識が向き、「これではやる資格がない」「やっても意味がない」と思ってしまいます。

歩けなかった赤ちゃんが「ちゃんと歩けるようにならない限り歩かない」と決めたらどうなるでしょうか？　一生歩けないですよね。

最初はまだまだ未完成で、歩こうと思っても転んでしまい、痛い思いをすることもたくさんあります。それでも、また立ち上がり歩き出す。そしてまた転ぶ。この繰り返しを何度もして、やっとしっかりと歩けるようになります。

痛い思いをしてでも得たことが身体に染み込み、気がつくと「できている」に変わるのです。この経験を経て、私たちは歩けるようになるのです。

最初から完璧を求めない。まずはすぐにやってみること。むしろ見切り発車でもいいいくらいです。３割がどのくらいかというのがわからなければ、感覚的に「やってみたい」という想いだけで大丈夫です。具体的な知識や方法を得ていなくても問題はありません。それはやりながら身についていくことです。まずは「想い」が最大の準備となり、やる条件が整ったことになります。

「完璧じゃないからできない」と思って挑戦しないことよりも、多少痛い思いをしてでも挑戦し、経験を積んだほうが「できる」につながります。

失敗は気にしなくてもいいということです。失敗は行動したからこそ起きたこと。ナイスチャレンジです。

失敗を恐れ、行動しなくなると、大きな機会損失をすることになります。チャンスを逃したということです。だからこそ、怖気づいて何もしないよりは、あまり深く考えずに見切り発車でもたくさんの経験を積んだほうが、よりよい結果を得られるのです。

アクション６プラン

３割の「すでにできていること」に目を向ける

07

最初の一歩〝だけ〟踏み出す勇気

習慣化で大切なのは、気持ちに左右されないということです。

行動の継続にモチベーションは関係ありません。「モチベーションが上がっているとできる」「モチベーションが下がっているとできない」となってしまうと、すべての習慣はモチベーション次第となってしまうからです。

気持ちに振りまわされてやるものほど、迷惑なことはありません。

なぜなら、毎日同じ気持ちでいるのは至難の業だからです。日々、気持ちはできごとや体調、または天候などによっても変わります。アクシデントは尽きないのです。

ですから、**習慣化のポイントは「気合いを入れなくてもできるようにする」ことです。**

ポイントは、「まずは1回をやってみる」「5秒続けてみる」ということからです。

気持ちや、やる気に頼らず、能力も関係なく、少しでも心が軽くなり、自然と習慣化できて行動につながっていくための方法をしましょう。

目指すは、もっとも自分に優しく、自分に合った方法を探していくことです。

気合いを入れたり、無理しないとできないことではなくて、「すぐに」「簡単に」はじめられること。

「今年は本をたくさん読むぞ」と決め、本をたくさん買ったはいいものの、まったく読む気にならずに、「読まなくては、読まなくては」と気持ちだけが焦ってしまう。

それは「すべてを読まなければいけない」と思ってしまうためです。気が重くなり、気合いを入れないとできない、となるため一向に進まなくなるのです。

気合いを入れないと読めない、となるのではなく、まず1ページだけ読んでみる。あるいは5秒はページを開いてみる。こんなふうに**最初のハードルをぐっと下げる**ことです。

1冊を読もうとするよりも、1ページをです。

勉強でも、運動でも、仕事でも、すべて同じことです。

もっともよくないのは「やらなければ」と自分を追い込んでしまうことです。

10kgのダイエットを考えるよりも、1回のスクワットを。
10分の瞑想をするよりも、10秒の深呼吸を。
10行の日記を書くよりも、1行の想いを。

最初の基準を思い切り下げて、その1回、その1ページ、その10秒からやってみることです。すると、不思議と1回やれば2回、3回と続き、1ページを読めば2ページ、3ページと続き、10秒が1分と続くことになります。

一歩目だけ出してしまえば、あとは楽になる

ポイントは「初動を起こすこと」です。
習慣化の壁は、続けることよりも最初の一歩を踏み出すこと。初動にあるのです。
「続けられない」ということよりも「最初の一歩が起きない」のです。

じつは、やり続けること自体は決して難しいことではありません。「はずみ車の法則」というものがあり、最初の弾みをつけるときがもっともエネルギーを使うけれど、最初さえ起こすことができれば、あとは簡単に進むことができるのです。

一番大変なのは最初の一歩を踏み出すエネルギーであり、動き続けていれば、少しのエネルギーで済みます。

雪だるまもそうです。最初の小さな玉をつくるまでが大変で、あとは坂道を転がしていけば勝手に大きくなっていくのと同じで、やればやるほど楽になり、軽くなるのです。

結論。習慣化していくうえでもっとも簡単な、楽になるための方法とは……「やり続けること」なのです。

やり続ければやり続けるほど、小さな力と、ちょっとした気持ちでできるようになります。気がついたら何の気持ちもいらずに、自然とできるようになります。

私も日々情報発信をしています。

前述したとおり、私は毎朝「エネルギーを上げる」をテーマに音声を２０００回以上配信し、Facebookの投稿に至っては、７年間、毎日続けました。

よく「毎日欠かさずやるなんてすごすぎる！」と言われますが、まったく大変なことではなく、むしろずっとやり続けているほうが楽なのです。

つまり、ここで言えることは、習慣化させることは決して「能力」ではないということです。いかに初動を味方にしてエネルギーをかけないようにするかです。

最初の一歩を軽くして、初動を起こすことさえ味方にすれば、誰でも楽にできるようになるのです。

アクション 7 プラン

最初の一歩はハードルを下げ、とにかく初動を起こす

08

特別な「自分ご褒美」を見つけて、動きたくてたまらない状態をつくる

「気持ちに左右されないこと」の重要性は前述しましたが、とはいっても私たちは気持ちに左右されてしまう生き物です。これはもう仕方のないことです。であれば、いっそのこと気持ちを味方につけ、利用してあげましょう。

どうせなら、つらく、嫌々な気持ちでやるよりも、楽しく、ワクワクした気持ちでできるようになれば、習慣化することが苦にはならなくなります。

どうすればいいかと言うと、**「習慣化したいこと」と「自分の好きなこと」をかけ合わせればいい**のです。

嫌々やっても絶対にうまくいきません。当然、続かなくなるし、結果もよくなることはありません。ですから、自分の好きなことをするのです。そうすると楽しくなり、苦にならずに習慣化させることができます。

人は、自分の好きなことは、誰に何を言われなくても勝手にやるものです。

子どもがゲームに夢中になり、「やめなさい」と怒られてもずっとやり続けているのと同じです。ずっとやりたくなるのです。

自分の好きなことを習慣化できるのが一番いいのですが、すべてがそういうわけにはいきません。やはり、**成長するためには苦手なことにトライしなければいけないこともあります。そのときは、その習慣に、自分の好きなことをつけ足すようにしましょう。**

毎日のやることを決めて〝それができたら好きなことをしてもいい〟というように「自分ルール」をつくるのです。

そう、端的に言えば「ご褒美」をつくることです。

ご褒美上手は幸せ上手です。自分にご褒美をつくるのがうまい人は、いま目の前のことを一生懸命やり、達成感を味わうクセがつくようになります。

「がんばって、疲れて、途中で息切れした！」「充電切れになった！」ということもなくなります。自分に喜びをつくってあげることで、精神的疲労をためることなく、いつも元気でフルパワーを出すことができるようになるのです。

「習慣＝うれしいこと」と、捉え方を変えてしまおう

習慣化できない人は、息切れをしてしまったり、苦しくて、つらくなってしまうということなどが原因に挙げられます。

ですから「**習慣＝苦手をする**」**という捉え方を変え、**「**習慣＝ご褒美をもらえる**」**に変えられるようになれば、**「**習慣＝つらい**」**という感情から、**「**習慣＝楽しい**」**という感情に変わります。**

たとえば、私の娘は3歳ですが、週に2回、英語の教室に通っています。

最初のうちはとにかく行きたくなくて、ギャンギャン泣き、なかなか行こうとしません。

それはそうですよね。まったく言語がわからない世界に突然入れられて、「さあ、楽しめ！」と言われてもできるわけがないでしょう。

そこから「英語に行くのは嫌だ」となり、英語の日はずっとゆううつになりました。娘

は「英語の日は嫌な日」と認識してしまい、続けられなくなったのです。

ここで、娘の大好きなものをご褒美としてつけ足すことにしました。がんばって英語教室に行けたら、そのがんばりを認めてあげて、大好きなアメをあげると。

すると、どうしたものか、びっくりです。

アメ欲しさに、嫌いな英語教室にも行くようになったのです。

つまり、嫌なものは、その先にがんばれるものがないと、ただつらい、苦しいだけのものになるけれど、嫌でもがんばった先に楽しいことが待っていると、それを乗り越えることができるということがわかったのです。

「英語の日は、がんばればば大好きなアメがもらえる日」となり、その日から英語の日も笑顔が増えてきました。

結果的に、いまでは英語が大好きになり、アメがなくても楽しんで通っています。完全に、習慣化したのです。

人は、嫌いなことに対しての行動は消極的になるけれど、好きなことに対しての行動は積極的になれるということのあらわれです。

習慣化されたあとは、もう何もしなくても勝手にできるようになります。いかに習慣化するまでのきっかけや、流れをつくってあげるのかが大事なのです。

これは決して「ご褒美で釣る」ということではなく、行動に楽しみを見つけることができれば、意識が変わり、姿勢が変わり、行動が変わるということです。

このご褒美は決して大きなものにする必要もなければ、お金をかける必要もありません。「これをしたら、こうする」と条件をつければいいのです。

ビールを飲むのを楽しみにしているなら、ただビールを飲むのではなく、習慣化したいものをしたあとにビールを飲むと決める。

どうせビールを飲むのならば、そのビールをご褒美にして、習慣化したいものをしたら飲めると決めるだけで、そのビールがいつもよりも美味しくなるし、習慣化もできるようになり、一石二鳥になります。

楽しみにしていた映画もただ観るのではなく、やると決めたことをやったあとに観ると決める。SNSも同じです。「○○をがんばったらYouTubeを見よう！」と決めたら、早くやりたくなるし、すぐに終わらせたくなります。

自分の好きなことを、習慣化したいことにつけ足し、**「やることがつらい」ではなく、「やることが楽しい」に変えていきましょう。**

ご褒美たった1つで、捉え方を変えることができるのです。

アクション 8 プラン

ご褒美をつけることで、「つらいこと」→「好きなこと」に変える

ワーク　書き出してみよう!!

❶ 新たに習慣化したいことは何ですか？？
思いつくかぎり書き出しましょう！

・
・
・
・
・
・
・
・

❷ ❶を習慣にするために、どんなご褒美を
つくりますか？

・
・
・
・
・
・
・
・

09

「今日、必ず叶えること」を決めていく

日々の行動が続かなかったり、目標や夢が叶えられない理由の1つに、目標や夢が大きすぎたり、漠然としてしまっている、ということがあります。

大切なのは、心から「大丈夫、できる」と思えることです。

そのためには、どこまでだったら「大丈夫、できる」と思えるのか、行動することを小さく、細分化をしていくことです。

「スモールステップ」「ベイビーステップ」という言葉がありますが、いきなり大きなことをやろうとするよりも、少しずつ、小さなことからはじめていきましょう。

フルマラソンの約42キロ完走すると決めたときに、いきなり最初の練習で42キロを走るとなれば荷が重くなり、できなくなります。そこで、どうすれば「大丈夫、できる」と思えるくらい気持ちが軽くなるのかを自分に問います。

たとえば「ハーフマラソンの約21キロを走るのはどうだろう？」と質問します。

「いやいや、それでもいきなりは無理だ」と思えば、さらに細分化していきます。

「10キロは？」↓「それでもまだ無理」

「5キロ、3キロ……」↓「それでもまだ無理」
「1日5分のウォーキングからは？」↓「それならできる」

このように、自分が心から「大丈夫、できる」と思えるものを探していくのです。

1日5分のウォーキングなら続けることができます。そこから少しずつ上げていき、1日10分のランニング、1日30分のランニングと変わっていき、フルマラソンを完走できるようにしていくのです。少しずつ心から「大丈夫、できる」と思えるようになるまで、いきなり難しいことや大きいことをしようとするのではなくて、**今日からできることを決めましょう。そして、それを叶えていくクセをつけましょう。**

夢や目標が叶う4ステップ

これは、夢や目標の叶え方にもつながってきます。

①　夢や目標を遠くに設定するのではなく、身近なものにしていくこと
②　夢や目標をすぐに見つけることのできる習慣をつけること
③　今日叶えられるものを決めて実践すること
④　「夢や目標は叶えられるものだ」と実感すること

夢や目標をまったく持てない人が多いのは、「夢を見つける」という習慣が身についていないこと。もっと身近に、たくさんの夢のタネがあるということを知ってください。

そして、夢や目標を叶えられない人が多いのは、勝手に難しいものだと思い込んでいること。夢や目標はすぐ叶うということを知ってください。

これらのことを実践していくためにも、「今日叶えること」を決めるのです。夢や目標は意外にもすぐ身近にあり、すぐに叶うものなのですから。

アクション 9 プラン
「今日できるもの」まで、行動を細分化する

10

自分をリラックスさせる言葉に触れる

ビジネス書や自己啓発書を読んでいると、よく「自分のモチベーションを上げる言葉に、常に触れておきましょう」ということが書いてあります。

それらに影響を受けて、「よし、やるぞ！」と、モチベーションを上げるために、いい言葉や、偉人の名言や、やる気が上がるすごい言葉を聞いたり、口に出して言ったりするということを意識している方も多いのではないでしょうか。

でも、じつはこれが逆効果のこともあり、かえって、できない自分とのギャップに苦しんだり、自信をなくしてしまうことにもなりかねません。

気持ちを高めようとしているのに、逆に気持ちが下がるとは、まさに本末転倒です。

なぜ、そういったことが起こるのか？

いくつか理由はありますが、そのうちの1つは「**思っていないのに、無理やり口に出して言っている**」ということです。つまり感情が入っていないのです。ただ「言ったほうがいい」と言われているから言ってみた、という状態です。言わされているのと同じです。

これではいくら言葉で言っても、心はずっと拒否反応を起こしている状態になるのです。

ですから、どれだけ言っても気持ちは上がらず、むしろ下がる一方なのです。

人は、言葉そのものを聞いているだけではなく、言葉のエネルギーを聞いています。どんな言葉を発したかよりも、どんな感情で発したかが大事なのです。

心から思っている言葉はエネルギーも高まり、感情も弾んでいる状態になりますが、言わされている言葉だとエネルギーは下がり、感情も沈んでいる状態になります。

言葉は、自分を癒やす栄養剤

大事なことは、いまの自分の状態を理解することです。

多くの人が、処方箋を間違えてしまいます。

病気レベルで体調を崩したときと、ちょっと疲労がたまって体調を崩したときと、あたりまえですが治療法は変わります。

病気で倒れてしまったのであれば、しっかりと免疫を高めるための薬や、病気を治すための薬が処方されます。そしてとにかく横になり、寝て、身体を休ませます。

疲労がたまって体調不良になったときは、栄養剤を飲んだり、癒されることをして身体を回復させていきます。たまの息抜きをしながら好きなことをしたり、ゆっくりお風呂に浸かったりなどです。

何が言いたいのかと言うと、ベッドで安静に横になっていなければいけない状態のときに、カラオケに行ったり遊びに行ったりしてストレスを発散させる方法をしても意味がないということです。むしろ悪化させるだけです。

ですから、自分の状態をしっかりと理解することが大切なのです。

薬を飲んだほうがいいのか、栄養剤を飲んだほうがいいのか。

これは、言葉も同じです。

少しの体調不良で元気になりたいというときの栄養剤は、すごい言葉などを聞いたり言ったりして自分を高めていくのはいいのですが、重い病気になっているときに無理にすごい言葉を聞いたり言ったりすると、まったく受け入れられずに、ただただ気持ち悪くなるだけです。ですから、自分の疲労具合を理解しながら、それに合った言葉を選ぶのです。

何でもかんでもすごい言葉を聞き、自分を鼓舞しようとするのではなくて、気持ちが上がらないと思うときは無理に高めようとせずに、リラックスできる言葉を聞いたり、口に出して言うことが必要です。

たとえば「大丈夫」「なんとかなる」「がんばらなくていい」「ありのままでいい」など、自分の心を落ち着かせ、気持ちを穏やかにさせる優しい言葉です。

「自分の人生は自分が変える」「やるかやらないかだけだ」など、モチベーションを高める強い言葉、すごい言葉ではなく、「もっと楽に」「まあ、いっか」など、リラックスさせる言葉を言ってみましょう。

リラックスすると不思議と気持ちが整い、自然と動こうと思えるようになります。自分の状況に応じて、触れる言葉を変えていくのです。

アクション 10 プラン

いま、自分がもっともリラックスできる言葉を言ってみる

おすすめの「リラックス言葉」

- 大丈夫
- なんとかなる
- がんばらなくていい
- ありのままでいい
- 無理しなくてもいい
- うまくいかなくてもいい
- 急がなくてもいい
- 強がらなくてもいい
- できなくてもいい
- そんな私も好き
- まあ、いっか
- そんなときもあるよね
- 私は私、まわりはまわり
- ツイてるツイてる
- オールオッケー
- オールハッピー
- オールラブ
- 生きているだけで丸儲け
- なんちゃって
- だから面白い
- どうせいつかうまくいく
- ゆるもーゆるそー（緩もうー許そうー）
- わらおーあいそー（笑おうー愛そうー）
- いまを楽しもう
- もっと楽に
- いつもありがとう
- ポンコツ最高
- いい経験
- 今日も愛そう
- 行き当たりバッチリ
- 今日は今日、明日は明日
- 過去は過去、未来は未来
- 私は素晴らしい

11

余裕ではなく「余白」に変える

すぐやれない人は、心のどこかで「できなくても……」と思っているところがあります。
もちろん「成長したい」「変化したい」という思いはあったとしても、別にやれなくても死ぬわけではない、困らないとなっていて、どこかで「本当にやらなければいけない」という思いに欠けてしまっているところがあります。

緊張感や危機感がそれほどない状態なので、すぐにやろうとしなかったり、習慣化できずに、続きません。つまり、余裕があるのです。

夏休みの宿題や、仕事のプレゼンテーション資料の作成などもそうですが、スケジュールに余裕があったり、期日が決まっていないものに対しては、人はなかなか緊張感や危機感をおぼえずに、すぐやろうとしません。

ですが、明日が締め切りだったら、誰もが血相を変えてやろうとするものです。

私たちは、追い込まれないと行動しない生き物だということを知っておくことです。

逆に言うと、追い込まれると間違いなく行動するようにもなります。

たとえば、目の前にライオンがいたらどうしますか？

いま、自分のいるところに爆弾が降ってきたらどうしますか？

「逃げるのはめんどくさい、動きたくない」とはならないはずです。真っ先に逃げようとするでしょう。人は「本当にやばい！」と思ったらすぐに動きます。これが結果、行動となるのです。

でも、毎回のように「追い込まれないとできない」という状況しかなければ、もう最初からがんばるのはあきらめようという気持ちになってしまいますよね。

そう、あまりにも追い込みすぎてしまうと、今度は最初から気持ちが下がり、もうやりたくないとなってしまったり、続かなくなってしまうのです。

この「追い込むエネルギー」は、瞬間的な勢いはいいのですが、長期的に持続はしなくなります。

ですからここで大切なのは、余裕ではなく、余白をつくるということです。

余白とは何か？

これは緊張感や危機感を持たないということではなく、「切羽詰まった状態をつくらない」ということです。

いっぱいいっぱいの状態になってしまうと、まわりが見えなくなり、精神的なストレスが生まれてしまいます。

しかし、あくまでも心は軽やかでいる。

やることは決める、そして、そこに危機感や緊張感も持つ。

この感覚がポイントです。

大事なのは、「余白」と「情報」

もう少しくわしく解説していきます。

危機感や緊張感はあるのに、心を軽やかにするということ。

これは、やるべきことは必ずやると決めるのですが、「やらされているものではなく、自分がやりたいものにする」ということです。

自分がやりたいからやる。だからこそ、期日を決めてしっかりとやる。

そうすると心の悲壮感はなく、いい緊張感や、いい危機感を持つことができるのです。

「わぁ、やらないと！」「がんばらないと！」となっても、決して心は疲弊せず、ワクワクして楽しめている状態に変わります。

余白を持つということは「なぜ、なんのためにやるのか」というやるべき理由をしっかりと明確にすることです。

そして、情報を持つということも大切です。

たとえば、ダイエットをうまくいかせるために大切なことは次の2つです。

1つは、なぜやせたいのか、理由を明確化してあげること。
2つは、「これを食べたら太りやすい」という情報を得ること。

やせたい理由が明確だと、運動やダイエットをがんばれるようになります。そして、情報を持っていると、食べてはいけないものがわかるので、太るものを食べなくなります。

このようにして、余裕ではなく余白を持ち、そして合わせて情報を得るように意識することで、いい緊張感のなかで、ワクワクしながら継続できるようになります。
余裕は持たずに、しかし、心の余白はつくっていきましょう。

アクション 11 プラン

なぜやりたいのかを明確にして、それができるようになるための情報を得る

第3章

すぐやる習慣、はじめます。

12

この本を閉じて、いますぐ笑ってみる

「すぐやる」ことにおいて重要なことは、「素直にやってみる」ということです。

すぐやれない人のクセは「これはやるべきなのかどうか」「意味があることなのか、ないことなのか」「いいことなのか、悪いことなのか」と頭で考えすぎてしまうことです。

だまされたと思ってもやってみるクセをつけてみると、行動が変わります。

ということで、早速やってみましょう。

いま、この本を読んでくださっているあなた。いったん本を閉じ、笑ってみましょう。

「読み終わったら」ではなく、いまこの瞬間に、です。

はい、準備はいいですか？　あとまわしはダメですよ、いま、この瞬間です。

たとえいま、この本を電車のなかで読んでいる方も、何かの授業を受けながら見てくれている方も、図書館にいる方も、静かなカフェにいる方も、いますぐ読むのをやめて、笑ってみましょう。

さあ、どうぞ。

はい。本当に笑ったあなた、素晴らしいです。

あなたは間違いなく、いますぐに行動を起こすことができた方です。どうぞ自分をほめてあげてください。

そして、「自分は行動ができたのだ」と自覚してください。

これであなたはもう、「すぐやれない人」ではなく「すぐやれる人」になったのです。

すぐやることにおいてもっとも重要なのは、「素直」であるということです。まずはそのまま、すぐにやってみることができるかどうかです。

「すぐやる」ができると、自分のことが愛おしくなる

そして、すぐにやることができたあとは、とんでもなく「いい状態」になれることを知ることです。

ほら、いま笑ったあなたならわかるはずです。

素直に笑った自分が、愛おしくないですか？　愛おしくて愛おしくてたまらなくなってきたと思います。自分を愛おしいと思えるようになれれば、もう敵なしです。

最初は「何バカなことをしてるんだよ、自分！」と思った方もいると思います。人によっては、恥ずかしくて、また笑いが込みあげてきた方もいるでしょう。

でも、それでも遠慮せずに笑ってみましょう。心を素直にし、受け入れるのです。そうすると、すぐにやることがどんどん楽しくなってきます。

まずはすぐやって、楽しむこと。楽しいと思えるようになってくると「すぐやること」に対しての抵抗がなくなってきますよ。

アクション 12 プラン

素直に、すぐに、やってみる

13

本は1行だけ読めばいい

本は、すべて読んではいけません。
さらに具体的に言うと、１行しか読んではいけません。

驚かせてしまいましたね。でも、これには理由があります。

本を買っては、読まずに、気がつけば積読になっている方も多いのではないでしょうか。または、読んでせっかく情報を得たとしても、それをすぐに実践せずに終わってしまう人もいるのではないでしょうか。

読まないのも、読んでも実行しないのも、非常にもったいないことです。

なぜ読まないのか？　それは、しっかりと時間をつくって、集中して読もうと思いすぎるがゆえに、なかなか最初の１ページを開けないからではないでしょうか。

なぜ読んでも実行しないのか？　それは、勢いよく読んだはいいものの、最初のほうのページのことを忘れてしまっている。だから行動につながらなくなってしまうということでしょう。

ですから、思い切って「本を1行しか読まない」と決めてみましょう。

本来であれば「本はすべて読みなさい！」と言われるところだと思いますが、あえて本書では「1行しか読まない」とします。

絶対に1行しか読まない。次の行を読んではいけません。読みたくても読みません。

そうすると、どうなるでしょうか？

早く続きが読みたくなります。

「読みたい」という気持ちが強くなれば、自然と本を読むことができるようになります。

人生を変える1行に出合う

ただ、1行しか読めないとなると、ずっと進まないですよね。

ですから、ここで言う1行とは何か？

それは、**「最高の1行に出合う」**です。

心が震える1行に出合うということです。その1行が来たら、本を閉じましょう。そして、すぐにその1行で得たことを実行してください。すぐにやるのです。次に行かずに、すぐにその場で実行です。

そうやって最高の1行に出合い、それを実行して自分のものにしていく。それが終われば、次の運命の1行に出合うまで読む。

これを繰り返していくと、得たことをすぐやるということができ、気がついたら本を読み終えることもできるのです。

アクション 13 プラン

最高の1行に出合ったら、すぐに本を閉じ、実行する

14

スマホの通知をすべて削除する

日常のストレスを軽減することは、「すぐやる習慣」を得るうえで大事なことです。

ついほったらかしになってしまったり、たまりにたまってストレスになってしまうもの。それが、スマホの通知です。

アプリの通知や、連絡の通知など、１日スマホを置いておくだけで、かなりたまってしまうという人も多いのではないでしょうか。

まずは、これをすぐに削除してみましょう。

未読の数字がたまればたまるほど、私たちは気になったり、イライラがストレスになったりもします。**人間の脳は、未完成のものがあると完成させたくてたまらなくなり、ストレスを感じるのです。だからこそ、積極的に消していきましょう。**

コツは「通知が来たらすぐに見る！」をクセづけていくことです。

そして、必要なければ消す。

この単純作業を繰り返すだけで、イライラやストレスは減り、気持ちもスッキリします。

削除するという作業自体は簡単なので、誰でもすぐにできます。

いま、この本を横に置いてスマホを見てみてください。そして、気になっている通知のマークをすべて消していきましょう。

「スマホの通知削除ルーティン」をつくろう

一番のおすすめは通知が来たときにすぐに確認して削除していくことですが、すぐにできないという方もいると思います。

その場合は、毎朝、決めた時間を通知削除に充てたり、1日の終わりに、その日に来た通知をすべて確認して削除するということをルーティンにしてみましょう。

何も通知のないスマホを見ると、とてもスッキリできますよ。

ため込まない、来たらすぐに確認して削除。

もしすぐにできなければ削除時間を決めて、ルーティンにしていく。

この繰り返しをしていくことです。

身近なところからすぐにやれることはたくさんあります。１つひとつ気になっているものからはじめてみましょう。

なお、これは連絡の確認をすることにもなります。１日の終わりに通知を削除することによって、連絡の確認モレをなくすことにもなります。一石二鳥ですよね。

アクションプラン 14 必要ないスマホの通知は残しておかないようにする

15

好きな海外ドラマを全話、たった1日で観終わってみる

大好きで、つい気がつけば時間を忘れ没頭しているもの、あなたにはありますか？

あのときの感覚を思い出すとわかると思いますが、**人は、夢中になれるものに対しては「気がついたら勝手にやっている」という状態になります。**

たとえば海外ドラマにハマって、寝る時間も忘れて観続けてしまうという人も多いでしょう。続きが観たい気持ちが強くて、次の日のことも考えずに没頭してしまいます。

これは、よく考えれば「すぐやる」の最上級です。すぐにでも観たくなり、ほかのことを差し置いてでもそこに時間を割き、行動している。

この「夢中になれるもの」を見つけることができれば、「すぐやる人」に生まれ変わることは決して難しくはありません。

しかし、なぜか多くの人が、できないことや、やる気が出ないことばかりにフォーカスして、「自分はできない人だ」と思い込んでしまっています。

誰のなかにも勝手にやりたくなるくらい夢中なものがあるのにもかかわらず、そこにはフォーカスせず、できないことばかりにフォーカスを当ててしまう。ものすごくもったいないと思いませんか？

いっそのこと、やる気が出ないことにフォーカスするのはやめて、夢中に、自然と力が抜けて、気がついたらしていると思うことにどんどんフォーカスしていきましょう。

原則は、必死になるものよりも、夢中になれるものです。


さあ、考えてみましょう。あなたがこれまで夢中になってきたことは何ですか？

そして、それはなぜ夢中になれたのか？　その理由を書き出してみましょう。


海外ドラマにハマるように、気がつけば勝手に「すぐやる」をしてしまい、どんどん次から次へと進んでしまうような体験をすると、「すぐやる」があたりまえになります。

「夢中」をミッション化する

大好きで楽しいものを、ミッションにしてみましょう。

「好きな海外ドラマを全話、たった1日で観終わる！」というミッションがあれば、いかがでしょうか？

ストーリーはとても長く、これを1日で観ることは決して簡単なことではありません。

むしろ、すべて観終われたらすごいことです。

でも「これはつらいことですか？」と問われると、意外とそうではなく、もしかするとあっという間に感じるかもしれません。

まず「大好き」をやりましょう。大好きなことならすぐやろうという気になれるし、続けることができます。好きなことや楽しいことからはじめるのが、もっとも簡単なのです。

アクション 15 プラン

夢中になれるものを書き出してみる

16

朝イチで窓を開け、素敵な世界から幸せを浴びる

ここまで「特別なことはしなくていい」「完璧ではなくてもいい」と一貫してお伝えしてきましたが、ここからさらに、いますぐにでもはじめられて、それが苦でもないものを探す天才になってみましょう。

おすすめは、朝の習慣です。

朝の状態が、１日をつくります。

朝は、昨日の状態も引きずっています。

前日に嫌なことが起きて、でもその日のうちに解決できずに気持ちをリセットできないまま眠ってしまうと、嫌な気持ちが残ったまま朝を迎えることになります。

その状態で１日がはじまると、当然気持ちは重たいわけですから、行動が鈍くなり、すべてのことがめんどくさくなったり、あとまわしにしてしまったりするのです。

ですから、**朝起きてリセットする**のです。

そのために、起きてからすぐやることを決めてみましょう。

ポイントは**朝イチで部屋の窓を開け、深呼吸をする**ことです。

心の切り替えを空気の切り替えと同じようにして、すがすがしい気持ちになります。

セロトニンをドバドバ出そう

朝日を浴びることは非常に効果的です。

朝日を浴びると睡眠ホルモンであるメラトニンの分泌が止まり、脳が覚醒されます。

そのあとに体温を上昇させたり、「幸せホルモン」と言われているセロトニンが分泌されます。セロトニンはストレスを軽減させ、脳の興奮を鎮め、精神を安定させる効果があります。

朝の陽ざしを浴びると、心も身体も頭もスッキリして、1日をより有意義に過ごすことができるのです。

昨日のモヤモヤを引きずることなく、ここでリセットすることができるというわけです。

朝起きたらすぐに窓を開けて、思いっきり深呼吸をしましょう。雨が降っていたらカーテンを開けるだけでも大丈夫です。
いずれにしても、１日のはじまりである朝に「すぐやる習慣」をつくっていくことです。

アクション 16 プラン

起きたらすぐに窓を開け、深呼吸する

17

片づけが大好きになる方法

心の状態は、まわりの環境からも影響してきます。

普段過ごしている空間ならなおのことです。

その空間がきれいな状態か、汚い状態かで、心の状態も決まってきます。

部屋がきれいであれば心の状態もきれいになり、汚ければ心の状態も汚くなります。

心の状態がきれいなときは前向きになり、気持ちが明るくなれて、幸せな状態でいることができます。

一方で、心の状態が汚れているときは、後ろ向きになり、気持ちが暗く、不幸な状態になってしまいます。


どちらの状態がいいかは、明々白々です。


では、心をいい状態にするためには、どうすればいいのか？

それは、環境を変えることです。

部屋を気持ちよく、スッキリときれいにしましょう。

ルールは「1つしか片づけない」

こういうと決まって「それはわかってるんだけど、めんどくさくてきれいにできずに、どんどんストレスがたまってくるんだよ」という声が聞こえてきます。

気分が乗ったときにしか片づけられずに、気がつけばあっという間に汚くなる。

そんなときのコツは、「1つだけ片づける」ことです。

全体の片づけをしようとはせずに、1つでいいのです。

いや、むしろ「1つしかやってはいけない」というルールを決めます。

いいですか？　絶対に1つしか片づけてはいけません。

前述した「本を1行しか読まない」と同じ要領です。

人は不思議なもので、1つしかしてはいけないとなると、ほかもしたくなるのです。

1日1つだけ、身のまわりをきれいにしましょう。

では、早速やってみましょう。

いまから本書を閉じて、身のまわりにあるものを見渡してください。

1つだけ見つけて、その1つを片づけましょう。

絶対にほかのものはしてはいけません。片づけたくなっても、むしろ我慢です。

あんなに片づけがめんどくさいと思っていたのに、1日1つだけと決めた瞬間から、早く片づけたいという気持ちになってきます。でも、それは明日の楽しみにとっておきましょう。

アクション 17 プラン

1日1つだけ片づける

18

「今日だけは思いっきりダラダラする！」をつくる

思い切って、これまでの真逆をやってみませんか？
いっそのこと「何もやらない」をつくってみるのです。

「何かをしなければいけない」と義務感で思ってしまう自分をなくすためには、それを「やりたい！」と思えるようにすることがポイントですが、そのためには「何かをしない」と決めることがコツになります。

一度、勇気を持って「やらない」を選択しましょう。

でも、そうなると不安になりますよね？　ずっとやらないで本当にいいの、と。

私がお伝えしたいのは、「ずっとやらない」を決めるのではなく、やらない日をつくるということです。

いつもやろうとするから、疲れてしまいます。

休日というものがあるから、また次にがんばろうと思えるようになるのです。

中途半端になっていることが、一番よくありません。40％の中途半端な力でやり続けても、40％以上の成果が出ることはほぼありません。

ですから、思い切ってそれらをすべてリセットして、一度ゼロの状態をつくります。そして、次に100％を出せるようにしていくのです。

自分に許可を与えよう

家事をしたくないなと思ったときには、たとえば「毎週金曜日だけは何もしない！」という日をつくってしまうのです。

この日はお母さんの休日として、思いっきりダラダラする日と決める。洗濯も掃除も洗い物もしない。食事もつくらない。その日は家族で外食をしましょう。

このように、「ダラダラしていい日だ」と自分に許可を与えるのです。

ほかにも、子どもが毎日ゲームをして「宿題をしなさい」と怒られるのであれば、1週間のうちに1日だけは思いっきり好きなだけゲームをしていい日をつくる。お父さんも、好きなことをする日や、飲み歩いていい日をつくる、など。

このようにメリハリをつけることによって、「よし、たくさん好きなことをしたから、明日からがんばろう」ができるようになるのです。

好きなことができていると、今度は早くやりたいと思えるようにもなります。

そして、また来週のこの日を楽しみにしてがんばれるようになります。

あえてダラダラした1日をつくりましょう。

それだけで「よし、やろう！」と、すぐやる気持ちを高めることができるようになります。

アクション18プラン

週に一度は、あえて何もしない日にする

19

「感謝」こそ、最強の習慣である

すぐやる人になるためには、自分をいい状態にしておくことが１つのコツです。

そのためのもっともいい方法があります。

「感謝」をすることです。

自分がイライラしていたり、モヤモヤしているときは、心が乱れています。

もちろん、生きている限り、私たちはさまざまな感情に直面します。決してイライラしてはいけない、モヤモヤしてはいけないということではありません。

大切なのは、心が乱れても「元に戻す」という習慣をつくることです。

ギターはチューニングによって、元の音が出るように調整をします。

それと同じで、人もズレてしまったら、元に戻すようにチューニングすればいいのです。

その最良の方法が「感謝」をすることです。


心が乱れていると思考も乱れ、行動も乱れます。つまり、マイナスやネガティブを生みやすいということです。

しかし、心が穏やかだと思考も穏やかになり、行動も穏やかになります。つまり、プラ

スやポジティブを生みやすいということです。

ですから当然、心が穏やかでいたほうがいいのです。

心穏やかでいるために、試しに「ありがとう」とつぶやいてください。恥ずかしいかもしれませんが、いま本を閉じ、言ってみましょう。

少し心が穏やかになり、優しい気持ちになりませんか？

この優しい気持ちがあるから、相手にも自分にも優しくできるようになるのです。

気合いがみなぎってくるようなアドレナリン（興奮）ではなく、気持ちが落ち着き、冷静にワクワクできるオキシトシン（幸福感）が重要です。

オキシトシンとは別名「思いやりホルモン」とも言われており、誰かにプレゼントしたり、親切にしたりすると、どんどん高まってくるものです。

そのための方法が、感謝なのです。相手のことを大切に、また愛おしくも思えるようになり、幸せな気持ちがあふれ出てくるでしょう。

アクション 19 プラン

1日1回、誰かに感謝を伝える

誰に感謝を伝えるか

あなたは誰に「ありがとう」と感謝の気持ちを伝えますか？

まずは大切な人を思い浮かべてみてください。そして次に身近な人。その方々に感謝の気持ちを伝えてみましょう。しかし、大切な人や身近な人に言わないと意味がないのかと言えば、決してそういうことではありません。**誰に対しても、感謝の気持ちをもって接することは、自分を穏やかにして、心を清らかにして、輝かせてくれるものとなります。**

ですから、1日1回は、感謝の気持ちを伝えてみましょう。それが大切な人であれば、なおよしです。もちろん、自分自身に伝えてもOKです。1日1回であれば、すぐにできそうではありませんか？

20

3分で神のレシピをクッキング

「思ったら吉日、動かなければ凶日」という言葉があります。

この言葉を初めて聞いたとき、「なるほど！」と思いました。

吉日や凶日という考え方は占いのようなものだと思っていましたが、これは実際の自分たちの行動によって変わるのだと、この言葉を聞いたときに感じたのです。


それまでの私は「いい準備ができたらやり、準備ができていなかったらやめる」という認識がありましたが、それも違ったのだと知りました。


そもそも、うまくいくかどうかは、「すぐやるかどうか」で決まるのだと。

いや、うまくいくかどうかももはや重要ではなく、やったかどうかがすべてなのだと。

うまくいけば、さらにそれがよくなるようにすればいいし、たとえうまくいかなかったとしても「こうすると、うまくいかないんだな」ということを知り、改善すればいいのです。

思ったときが最高のタイミングで、そのときに動けなかったことが最悪のタイミングであるということ。**つまり結論は「思ったときに動く」。これが正解です。**

「すぐ動くことを心がける」

もし神様がいるとすれば、それがもっとも美味しいものをつくるレシピです。

そのレシピも、時間が経てば経つほどに味がうすれていってしまい、神のレシピをムダにしてしまうことになります。

「パッと閃く神心、それを打ち消す人心」という言葉があります。

パッと閃いた瞬間が神の心で研ぎ澄まされチャンスの状態ですが、時間と共にその気持ちを打ち消してしまうのが人の心だという意味です。

この言葉のように、思ったときにすぐやれるかどうかで決まってくるのです。

「メモするだけ」も立派な行動である

そうは言っても、なかなか動けないこともあるでしょう。

理解できているけれど、やはり怖くて動けない。

ご安心ください。そのようなときにおすすめの方法があります。

それは「**やりたいことやアイデアが浮かんだ瞬間に、スマホのメモ帳でもいいので、すぐに3分だけメモにまとめて書き記す**」ということです。

これが、思ったことをすぐに行動に移していくもっとも簡単な方法です。

「メモをするだけ」というのも立派な行動です。

思った瞬間が神のレシピなので、３分で仕上げるのです。神のレシピがもっとも美味しく仕上がるのは、最初の３分だからです。３分クッキングしてしまいましょう。

そのあとは、その想いを忘れないように、メモを見返すことです。

やることがしっかり形として残ると、やりたくなってウズウズしてきます。

一番怖いのは、できないことや、やらないことよりも、アイデアを忘れることなのです。

アクション 20 プラン

思った瞬間、3分以内にメモに書き記す

21

いつでも手もとにボールを持たない

忙しい人に声をかけなければいけないときに「いま、きっと忙しいから迷惑だろうな」「こんなことで連絡したら失礼だよな」とためらってしまう人は多いはずです。

じつは、これが大きな間違いです。

相手が忙しい人であればあるほど、すぐに連絡をするべきです。

人間関係のトラブルでもっとも多い原因と言われているのが、ミスコミュニケーションです。すぐに対応すれば解決することだったとしても、つい「忙しいだろうな」と思い、**連絡することを躊躇してしまう。すると事態が悪化して、余計に時間がかかってしまう**ことになるのです。

以前、すぐに私に連絡をくれていたら対応のミスが起きずに簡単に解決できたことがあったのですが、気を遣ってくれたのか「きっと水江さんは忙しいから、これくらいは相談せずに、自分で対応して解決しよう」と行動したビジネスパートナーがいました。

その仕事は海外の方が相手だったのですが、そこでコミュニケーショントラブルが起き、結果的に先方にご迷惑をかけてしまいました。

信用問題に関わったので、直接海外まで謝罪にうかがうことになりました。最初の段階で相談してくれていれば数分で終わったことだったのですが、それが丸２日かかり、かつ海外にまで行くことになったのです。

この問題の原因は「きっと水江さんは忙しいから、これくらいは相談せずに、自分で対応して解決しよう」と連絡をあとまわしにしたことです。そうではなく、本当に相手が忙しい人で、時間を取らせることができないのであれば、迷わずに最速で連絡することです。なぜなら、それが一番早く済む方法だからです。

いつまでも自分でボールを抱えていてはいけません。すぐに手もとのボールを手放すのです。**時間が経てば経つほど、手もとに残ったボールはどんどん重さが増していき、あなたの手に負えなくなってしまうのです。**

「わかった気」は絶対NG

コミュニケーションに関しては、双方の受け取り方の違いでトラブルになることも多くあります。なので、受け手と伝え手にはそれぞれポイントがあります。

まず受け手は、理解するまで何度も何度も聞くことです。一番よくないのは「わかった気でいる」ことだからです。

そして伝え手は、相手が理解するまで呆れずに何度も何度も伝え続けることです。ここを互いにめんどくさがってしまうと、もっと厄介なことになるからです。

受け取り方の違いだけで、ときには取り返しのつかないことになることもあります。

ですから、最速で、何度もやり取りをすることなのです。

さあ、もう迷わず、躊躇せずに、忙しいあの人に連絡を入れましょう。

アクション 21 プラン

忙しい人にこそ、最速で声をかける

第4章

「しくみ」と「環境」で強制的に行動力アップをする

22

あえて キリの悪いところで 終わらせる

今日はできたけど明日は続かない……。よくあることですよね。

このような場合はどうすればいいか。

ポイントは「次にやる楽しみをつくっておく」ことです。

たとえばゲームを思い出してください。

子どもに「ゲームをやめろ」と言ってもやめないように、そして何よりも、今日を終えてもまたすぐに明日も取りかかりたくなるあの威力は、本当にすごいものがあります。

ゲームは、習慣化を考えるうえでヒントになります。

なぜなら、継続するしくみとして、よくできているからです。

多くのゲームは、１つミッションをクリアすると、また次のミッションが出てきて、絶妙に気になって終われないようになっています。

これと同じように、何ごとも習慣化するうえでは「明日の楽しみをつくっておけばいい」ということです。

次回の分の10％だけ手をつける

こう言うと「ゲームや遊びならまだわかるけど、仕事はどうするの？」という意見が必ず出てきます。その場合は、最適な方法があります。

それは「**キリよく終わらせず、次の日の最初の10％を片づけてから終わる**」ことです。

「今日はここまで」とキリのいいところで終わらせるのではなく、明日やることの準備を少し入れてから終わらせるのです。そうすると、次のイメージが自分のなかで明確にできているのと、準備がすでにできているので、続きから取りかかりやすくなるのです。

多くの場合は「さて、今日も1からがんばるか」となってしまうので、重たい腰が上がらなくなります。

もちろん、私自身も実践しています。本書の原稿を書いていくにあたり、あまりため込まずに毎日少しずつでも書いていくようにしていています。

いきなり一気に書き、各項目を書き終えたところでキリよく終わってしまうと、じつはなかなか「よし、次を書こう」という気にならなくなってしまうのが正直なところです。次の日にすぐに取りかかれるようになったのは、各項目を書いてキリよく終わりではなくて、次の項目の最初の10％までを書いて終わるということをしたおかげです。

何でも習慣化していくためには同じで、次の楽しみをつくっておきましょう。**行動が続かないのは、次にやりたいと思わないからです。正確には「次に何をしていいかも決めていないから」めんどくさくなるのです。**

ですから、次にやりたいという気持ちになるように、しっかりと準備してつくっておくことが大切です。そうすればまたすぐやりたいという気になり、自然と習慣化されていくようになるのです。

アクション 22 プラン

明日のタスクの1割だけ手をつけてから、今日を終える

23

新しい習慣をつくろうとしない

人間の脳は、新しいことをなかなか受け入れないという習性があります。

私たちは日々膨大な情報を得ています。そのなかで必要な情報だけを記憶に残し、必要ではない情報は記憶に残らないようにしています。

この機能を脳科学ではＲＡＳ《ラス》（Reticular Activating System）と呼ぶのですが、記憶を司るこのＲＡＳがすべての情報を管理し、ふるい分けしています。

そうしない限り、情報を受け取りすぎてしまうためです。脳に膨大な負担がかかってしまい、オーバーヒートしてしまうのです。

では、脳はどんな情報を記憶し、どんな情報を忘れさせようとしているのでしょうか。

それは「命にとって必要な情報かどうか」です。

私たちの脳は、生きていくことを最優先します。

つまり、生きるために必要な情報を記憶し、生きるためには必要のない情報を記憶しないようにしているのです。脳が常にジャッジしているのは「生きるために必要か」「生きるために必要ないか」です。

いま生きられていることが最高の状態だと判断しているので、いまと違うことをやろうとするとRASが止めに入り、変化を拒む働きをします。

いまがベストであり、ほかのことをする必要はないと判断するからです。

RASが新しいことをさせたがらないので、あえて苦手意識を持たせるのです。それが、私たちが「私にはできない」「どうせ続かない」となる原因です。

すぐやれないと悩む人や、習慣化できないと苦しんでいる人は、決して自分の能力ではなく、脳のしくみであたりまえのことだと知りましょう。

「Aをしたら、Bをする」と決める

では、どうすれば記憶に残し、習慣化させることができるのか？

それは、新しいことをしようとするのではなく、「すでに習慣化されているものにくっつけること」です。

これを「If-thenの法則」と呼びます。

「（If）もしこうなったら、（then）こうする」と行動のルールを決めることです。

急に何かをすると決めたり、しないと決めるのではなく、「何かをしたらする」「何かをしたらしない」と条件を決めるのです。

そのための方法として、

「すでに習慣化されているものと、新しく習慣化させたいものをセットにする」

というのがおすすめです。

すでに習慣化されているということは、RASが命に大事なことだと判断し、記憶しているということなので、忘れずにやり続けることができます。

ですから、もうすでに習慣になっているものから考え、そのあとに新しく習慣化したいことを加えていきましょう。

たとえば、
入浴の準備をする→その前に、筋トレする時間にする
歯磨きをする→その前に、英単語を覚える時間にする
というイメージです。

ただ単に筋トレをしようとしても行動を起こせないか、続かないことがほとんどですが、毎日の習慣になっている入浴の前にすると決めたら、連動してできるようになるのです。

このやり方をすれば、どんな人でも習慣化できるようになります。
ですから、自分が毎日していることは何かを考えてみることからです。そして次に、新たに習慣化したいことが何かを考えるのです。

アクション 23 プラン

すでに習慣にできているものとセットにする

ワーク　リストアップしてみよう！！

❶ すでに習慣化されていることは何ですか？

・
・
・
・
・
・
・
・

❷ これから新たに習慣にしたいことと、どのようにセットにしますか？

・
・
・
・
・
・
・
・

24

応援してくれる人たち〝だけに〟宣言する

何か新しい挑戦をするときには、自分に気合いを入れるためにも、そしてまわりの人たちを巻き込むためにも「宣言」することが大切だとよく言われます。

たしかにそのとおりで、人に宣言することにより、自分との約束だけではなく、まわりの人との約束にもなるので、ちょっとやそっとのことでは約束を破れなくなります。

そうやって、**簡単に約束を破れない状況に持っていくためにも「宣言」することは効果的**なのです。

ただ、じつはここに忘れがちな大切なことがあります。

「誰に」宣言をするかです。

宣言は、誰にでもしていいということではありません。

宣言する人を選ばなければいけないのです。

なぜなら、間違えた相手に宣言することにより、かえって自信をなくしたり、傷ついてしまうこともあるからです。

たとえばマイナス思考や、基準が低い人たちのなかで宣言してしまうと、むしろ「あなたにはできない」「そんなの、やめたほうがいい」「夢を見るのはやめて、現実を見ろよ」など、足を引っ張られるということが起こります。

すると、どんどん自信がなくなったり、自己肯定感が下がり、「もう二度と夢を見るのはやめよう」と思ってしまうのです。

では、大切なことは何か？

それは「応援してくれる人たちに宣言をする」ということです。

何を言っても「すごい、楽しみ」「がんばれ、応援してるね！」「大丈夫、できるよ」と応援してくれる人たちに宣言するのです。

そうすると自信がみなぎってきたり、自己肯定感が上がり、「もっとがんばろう」「もっとやれる、できる」と思えるようになるのです。**足を引っ張ってくる人ではなく、手を引**

っ張ってくれる人に宣言しましょう。

自信よりも、他信

どうせ、ほとんどの人の「できるよ！」という言葉も、「できないよ！」という言葉も、根拠はありません。

人とは結局、無責任な生き物で、すべて他人ごとなのです。

なぜなら、やるのは自分だからです。

代わりに誰かが自分の人生を生きてくれることはありません。

どうせ無責任で根拠のないことを言うのであれば、前向きに応援してくれて、「できるよ！」という言葉をくれる人たちに伝えたほうがいいに決まっています。

「自信より他信」という言葉があります。

自分が自分を信じる気持ちよりも、まわりの人が自分を信じてくれたほうが説得力があ

るという意味です。

どれだけ自分に自信がなくても、まわりが「大丈夫だよ！」と言ってくれたら大丈夫だと思い、どれだけ自分に自信があっても、まわりが「無理だよ！」と言うと無理だと思ってしまうのです。

自信がなくても、ＳＮＳの投稿をしたらすごい数の「いいね！」がついてフォロワーが増えるといかがでしょうか？　とてもやる気になり、勝手に自信が出てきますよね。

一方で、とても自信があったＳＮＳの投稿にまったく「いいね！」がつかず、フォロワーも増えなければ「やっぱり無理なのかな……」となってくると思います。

このことから、**まわりの反応が自分の気持ちをつくる**ということがよくわかります。

ですから「誰に宣言するのか？」ということが大切になってくるのです。

根拠はなくても、前向きな他信をしてくれる人たちに、宣言をしていきましょう。

さあ、一度本を置いて考えてみましょう。

あなたのまわりで、あなたのことを本気で応援してくれる人は誰ですか？

アクション
24
プラン

根拠のない「いいね！」をもらう

25

スマホやテレビのリモコンは隠してしまう

やりたいことをやろうとしていても、なかなか取り組めないというときは、何かがそのことを邪魔しています。

とくに多くの影響を与えているものは、スマホやテレビではないでしょうか。

ついつい見てしまい、気づいたら「え、もうこんな時間」と思うことはよくありますよね。

人間はそのことを一度でも意識するとずっと気になってしまい、ほかのことに集中できなくなってしまうものなのです。

スマホで一度メッセージを見てしまったら返さないとモヤモヤしてしまうとか、番組を一度見てしまうと続きが気になり、終わりまで見ないと気が済まなくなってしまいます。

そこで、思い切って「今日はこれをやるぞ！」と思ったものがあれば、事前にテレビのリモコンを遠くに置いたり、スマホをすぐに見られる場所から遠ざけるということをしてみましょう。

見たくてもなかなか見られないという状況や、見るのがめんどくさくなるような状況を最初からつくってしまうのです。

そうすると、何かに取り組もうと思ったときに、それを邪魔したりさえぎったりするものがなくなるため、集中して取りかかることができます。

つまり、**すぐやるコツは、最初から邪魔になるものを予測し、その条件となるものを遠ざければいい**のです。

あなたを邪魔するものは、物理的に遠ざける

音さえ聞こえなければ気にならないと思い、スマホの電源を切って近くに置いてしまう人がいるのですが、はっきり言ってこれはあまり意味がありません。

なぜなら、視界に入った時点で気になってしまい、意識がそっちの方向に向いてしまう

からです。

つまり、「見てしまうと、終わり」なのです。

できる限り見ないようにするということを心がけてみましょう。

そうすると、あなたを邪魔するものはもうなくなります。

これで気兼ねなく作業に取りかかることができます。

つい見てしまったり、意識が奪われるものは、物理的に遠くに置くのです。

アクション 25 プラン

集中を妨げるものは、別の部屋で休んでおいてもらう

26

気持ちが高まる環境をつくろう

「よし、すぐにやろう！」と思えないのには、環境が大きな影響を持っています。

17項目め（P110〜）でもお伝えしましたが、部屋が汚く整理できていない状況と、しっかりと片づいていて清潔な状態だと、どちらのほうが気持ちは高まりますか？　当然、後者だと思います。


部屋の状態は、心の状態です。

そして、心の状態は思考ともつながっています。


たとえば昔、親におねだりしようとしたときに、親のどこを見ていましたか？

間違いなく、誰もが機嫌を見ていたと思います。

親が不機嫌なときにおねだりしても、親の思考がマイナスな状態になっているので、いい返事が来る確率は低いと、幼心でも感じていましたよね。

一方で親がご機嫌なときは、親の思考もプラスな状態になっているので、わりと何をしても許されたりして、いい返事が来る確率がぐっと上がります。

これと同じで、心の状態と思考はつながっているので、心が荒れている状態で「よし、やろう！」とは思えないものです。

その状態をつくるのが、部屋の状態でもあるのです。

ですから、まずは部屋をきれいにすることです。

好きなものに囲まれすぎるのも逆効果

さらによくするためには、自分が大好きで、気持ちが上がるものを置いておくことがおすすめです。グリーンを置くと心が癒されたり、好みのオーディオを置いて音楽を聴いたり、気持ちが自然と上がっていくような環境をつくることです。

ここでのポイントは、あまりごちゃごちゃと好きなものばかり置いてしまうと部屋が汚くなってしまうので、好きなものを1つか2つ置くことです。

以前、知り合いが自分の部屋を西海岸風にしようとして、好きなアイテムを置きすぎたら逆に落ち着かなくなったそうです。

そこで通常の部屋に、家庭用のヤシの木とサーフボードだけを置くように変えたところ、部屋もスッキリして、大好きなモノにも囲まれて、より集中力が増したそうです。

ですから、まずは部屋をきれいにすること。そして、大好きなものを１つか２つ置くことを意識してみましょう。

アクションプラン 26
自分の部屋に、大好きなものを1つか2つ置く

27

「すぐやれる度」でランクづけし、ランクの低いものから片づけていく

いきなり重要なものからはじめようとするのも、すぐやれない原因です。

重要だからこそあとまわしにするのも、1つのコツです。

まず、現状のタスクのなかでランクをつけます。

重要度のランクではなく、「すぐやれる度」のランクです。

重要なことほどすぐにやらなければいけないと思ってしまうものですが、かえって、重要すぎてなかなか取りかかれなくなってしまうこともあります。

なぜなら、気持ちも重たくなるからです。

「大切に取りかからなくてはいけない」「ミスがあってはいけない」と思うと、なかなか気が進まなくなってしまうのです。

たとえば、誰かからメッセージが来たときに、長文のメッセージと短文のメッセージでは、どちらが開封しやすいですか？　短文だという人が多いのではないでしょうか？

短文だと気持ちが楽なのですぐに見られるのですが、長文だと「しっかりと確認して返さなければいけない」と思い、時間があるときに見ようと、ついあとまわしになってしまいます。

テスト問題も同じです。難易度の高いものは解くのに時間がかかり、ほかの問題も残っていて焦ってしまいますよね。

そんなときは先に取りかかりやすいものからはじめて、徐々に気分が乗ってきたときに、難しい問題を解いていったほうが効率もいいです。

合言葉は「リズムに乗って♪」

どちらにしても、両方やっていくのであれば、最初の段階でつまずき動けなくなってしまうよりも、**軽いものから取りかかりリズムに乗っていくこと**です。

そう、大切なのはリズムに乗ることなのです。

リズムに乗っていくうちに脳が活性化され、いざ本当に重要度の高いものをしようとしたときに脳が働いている状態でできるので、スムーズに取りかかることができます。

重要なものをする場合は、まずは軽いタスクからおこなっていき、リズムをつくり、脳を活性化させましょう。

合言葉は「リズムに乗って♪」です。

そうすると重要なものでも臆することなく、できるようになれます。

さぁ言ってみましょう。

「リズムに乗って♪」

どうですか、気持ちが軽くなってきませんか？

アクション 27 プラン

重要なものほど、あとまわしにする

最終章

「すぐやる自分」に生まれ変わる

28

「好き」を超えて、「価値観」に合ったものを探す

すぐやる自分になるための最大のポイントがあります。

それは、自分の「価値観」を知ることです。

価値観に合ったものをすると何をしても疲れなくなり、意識も高まったり、さまざまなアイデアも生まれやすくなります。集中力や注意力、持続力が生まれます。

価値観とは軸のようなもので、自分がもっとも大切にしている考えです。人と違い、自分のなかにしかない絶対的なもののことを指します。

たとえば「自分はこれだけは許せない！」「ここだけは譲れない！」といったものは誰にもあると思います。

そして、それは人によって違います。

「時間」に価値をおいている人にとっては、1分1秒がとても大切なものになるので、遅刻が許せません。

一方で「向き合い方」に価値をおいている人は、いま目の前の人と真剣に関わろうとするので、多少時間が過ぎても気にはなりません。

「正直」が価値観の人は嘘を許せませんし、「正義感」が価値観の人は裏切りが許せません。

陰口や悪口を許せない人もいれば、「ワクワクしないものは絶対にしない」と決めている人もいます。

人によって大切にするもの、または、許せないものは違うのです。

自分の価値観をしっかりと理解することができれば、行動が変わります。

それに沿って生きると勝手に身体が動き出し、習慣化され、そして自然と力もみなぎってきて気持ちが高まるので、いい結果を出すことができるのです。

自分の価値観の見つけ方

では、自分の価値観はどうやって見つけていけばいいのでしょうか。

シンプルでおすすめの方法があります。


これまでの人生で嬉しかったこと、悲しかったことを上位3つずつ挙げてみるのです。


嬉しかったこと3つの共通点と、悲しかったこと3つの共通点を洗い出すと、見えてくるものがあるはずです。

嬉しいも悲しいも、自分が「反応」しているということのあらわれです。

反応するということは、自分が大切にしているということなのです。

大切にしているものができたから嬉しい。

大切にしているものができなかったから悲しい。

こんなふうに自己理解するのです。


まず、自分が何に反応しているのかを知りましょう。

自分のなかで大切にしているもの以外に、人は反応することはないのです。


あなたが美容の専門家で、「人をきれいにしたい」と思っているとします。

他人から「あなたはプロ野球選手になれません！」と言われて悲しむでしょうか？

きっと悲しまないはずです。


一方で「あなたは人をきれいにすることができません！」と言われればどうでしょうか？

きっと悲しい気持ちになるはずです。

それは、あなたが「人をきれいにしたい」ということを大切にしているからです。


ですから「あなたのおかげできれいになった！」と言われればあなたは喜び、「思ったよりきれいになれなかった」と言われればあなたは落ち込みます。

それは、あなたが「人をきれいにすること」に最大の価値をおいているからです。

野球で球を打てたとしても打てなかったとしても、喜びも悲しみもないのは、価値観にないことだからです。

もう少し掘り下げていきましょう。

たとえば、あなたの人生で嬉しかったできごと、悲しかったできごとの共通点が、「まわりの人」だったとします。

嬉しかったことは「友だちや仕事仲間と目標を達成した」「友だちや仕事仲間と一緒に旅行に行った」など。

悲しかったことは「友だちや仕事仲間と喧嘩した」「友だちや仕事仲間にひどい嘘をつかれた」など。

こうなったとき、あなたは何に反応しているかわかるでしょうか？

そう、「友だちや仕事仲間」です。

誰よりも「友だちや仕事仲間」のことを想い、大切にしているからこそ、喜んだり傷ついたりするのです。**それがあなたの最大の価値観です。**

とすれば、**友だちや仕事仲間が喜ぶためのことをすると、あなたは大きな力を発揮し、疲れも感じず、自然と身体も動き、そのためにやっていることは何ひとつ苦ではなく、やり続けることができる**ということです。

これが最大の「すぐやる」と「習慣」につながることなのです。

価値観を知ること。

ぜひ、次ページのワークと共に、あなたの価値観を引き出してみてください。

アクション
28
プラン

自分が何を大切にしているかを知る

ワーク　書き出してみよう！！

❶ これまででの人生で嬉しかったこと上位3つ

【1】

【2】

【3】

❷ これまでの人生で悲しかったこと上位3つ

【1】

【2】

【3】

29

「習慣化した？」を合言葉に進もう

どんなに素晴らしい話を聞いても、聞いただけで人生が変わることはありません。
人生を変えようと思うならば、実際に行動することです。

「学習ステップ」というものがあります。
まずは「知る」。次に「理解する」。そこから「やる」です。
「知った」「わかった」と、「やった」は大違いです。

さらにその先があります。
「やった」で終わるのではなく、それを「自分のものにする」ということです。

「これだ！」と思った学びは、体得しなければ意味がありません。
水泳がうまくなりたくても、1回だけ泳ぎの練習に行ったところで、うまく泳げるようになることはないでしょう。本当に泳げるようになりたければ、何度も泳ごうとするはずです。

それと同じで、本当に体得したいものがあるならば、何度も何度もやるのです。たった1回やっただけでは、自分のものにはなりません。


素晴らしいものに出会い、感動することは大切です。

しかし、感動するだけで終わらせてはもったいないのです。

感動は誰だってできます。その先が大切なのです。

やることを決めたら、そのあとです。

最終ゴールはあくまで習慣化です。


どれだけいい本を読んでも、セミナーや講演に行っても、YouTubeを見ても、見ただけでは何も変えられません。

これからは「習慣化した？」をログセにしてください。

合言葉は「習慣化した？」です。

本を読んだら必ず、そのなかで自分が響いたものを1つは習慣化させましょう。

いいと思っただけではなくて、習慣化させるのです。

セミナーや講演、YouTubeを見て「いいな」と思ったことも同様です。

そこから得たものを行動に移し、「習慣化した？」を合言葉に進んでください。

結局、どれだけ思っても、やっても、習慣化した人には敵わないのです。

どれだけ「やせたい！」と強く思っても、やせるための習慣を持っている人には敵わないのです。

願望を超えるものが、習慣である

太っている人には太っている人の習慣があり、やせている人にはやせている人の習慣がありります。

これは人間関係も同じです。

「あの人は愛されているな」という人は愛される習慣を持っていて、「あの人は嫌われているな」という人は嫌われる習慣を持っているだけです。

例を挙げると、愛される人はまわりの話をよく聞き、先に相手の求めていることや必要としていることに応えようとするのが習慣になっています。

逆に、嫌われる人は自分のことしか語らずに、自分がしてほしいことばかりを先に要求したりするのが習慣になっているのです。

経済面でも同じことが言えます。

貧乏かお金持ちかは、習慣の違いによるところが非常に大きいです。

いつも貧乏な人は、無意識にお金を浪費してしまうという習慣を持っています。つまり、出したお金はその場を満足するためだけのムダ遣いとなり、何も返ってはきません。

一方でお金持ちの人は、お金を効果的に投資にまわすという習慣を持っています。得たものを必ず価値に変えて、キャッシュを得るのです。

彼らはお金が増える習慣を無意識にやっているので、出したお金がいつも返ってきて、豊かになるのです。

あらためて言います。
合言葉は「習慣化した？」です。
あなたは最近、何を習慣化できましたか？

習慣を変えれば、人生が変わるのです。

アクション 29 プラン

何かを得たら、必ず習慣化をゴールにする

30

失敗貯金を増やせば増やすほど、あなたは最強になれる

何かを続けていくうえで大切になってくることは、いかに失敗を味方につけるかです。

失敗なき挑戦はありません。

そのためにも失敗を恐れるのではなく、楽しむことです。


そもそも私たちは失敗に対する考え方が間違っていて、無意識に「失敗＝いけないこと」と思い込んでしまっているのです。

失敗を恐れていると挑戦できなくなります。

そうなると「よし、やろう」とすぐに思えなくなるため、行動することに対しても抵抗してしまい、動けなくなってしまうのです。


「すぐやる」ことに対しての一番のメンタルブロックは、この「失敗」なのです。

だからこそ、この項では失敗に対する考え方をプレゼントします。


「失敗貯金は、幸せ貯金」という言葉があります。

なぜ、失敗貯金が幸せ貯金なのでしょうか？

「人の不幸は蜜の味」という言葉があるように、私たちは、他人の不幸話は嫌いではありません。なぜなら、成功話よりも安心するし、身近な感覚を持って共感できるようになるからです。

「すればするほど好かれる失敗話。すればするほど嫌われる自慢話」という言葉もあります。

たくさんの失敗事例を持っているということは、多くの人に共感してもらえ、また希望を与えられるようになるのです。

ですから、失敗貯金は貯めればためるほど、まわりに味方を増やし、誰からも好かれるので、幸せ貯金につながるのです。

何よりも、それが最大の経験となります。

1の失敗を気にするよりも、1の経験を増やしていきましょう。

経験ほど説得力が強いものはないからです。

失敗を味方にできない人の2つの特徴

失敗を味方にできていない人の特徴は、次の2つに当てはまります。

① 失敗を個体で見ている

「失敗」というできごとにしかフォーカスを当てられていないため、失敗のなかにあるさまざまな可能性や、「成長」「発見」などの人生を成功に導くために必要なエッセンスが隠されていることに気づけていません。この理由は、失敗を1つの個体としてしか見ていないという点にあります。

② 失敗の反対が成功だと思っている

そもそも失敗の反対が成功だと思ってしまっているため、「失敗＝もう成功できない」となってしまっています。

実際は、「失敗も成功も同じところにある」ことに気づきましょう。

失敗とは、成功するのに必要な条件の1つにしか過ぎないということ。両極端になってしまっている方々が多いのです。

失敗の反対は「何もしないこと」で、成功することではありません。成功の一部に失敗があるだけなのです。


成功と失敗で分かれているのではなくて「成功も失敗もする人」と、「成功も失敗もしない人」で分かれているのです。


いかがでしょうか？

あなたは「成功も失敗もする人」「成功も失敗もしない人」のどちらがいいですか？

もう、いっそのこと失敗しないようにするのではなくて、「経験のために失敗したい！」と思えるくらいの境地を目指しましょう。

さあ、この項を読んで、失敗に対するイメージを少しだけでも変えることができたのではないでしょうか？

どんどん失敗を味方にして、むしろ感謝の気持ちを持って、成功するための発見や経験に変えていきましょう。

失敗なくして、習慣化はあり得ないのです。

アクション 30 プラン

失敗を気にするよりも、経験を増やす

31

「やらないこと」を決める

すぐやる習慣で大切なことは、すぐやることを決めるだけではなくて、すぐやらないことを決めることです。

多くの方が「やること」ばかりに目が行ってしまうのですが、「やらないこと」にも目を向けていくことがポイントなのです。

決断とはやることを決めるだけではなく、断つことを決めることです。

マーケティング用語でよく使われている、「戦略」という言葉の意味も、どうやったら勝てるのか？　を考えることではなく、やらないことを明確にすることです。

「やらない」を決めること。その勇気を持ちましょう。

取り入れることばかりに意識を向けようとするのではなく、手放すことにももっと意識を向けていくのです。

ポイントは、優先順位と重要事項の違いを知ることです。

まず決めなければいけないことは、重要事項です。そして次に優先順位です。

重要事項と優先順位を明確にする

重要事項とは何か？「やること」と「やらないこと」を明確にすることです。
優先順位とは何か？「やること」のなかで、何から先にやっていくのかの順位を決めることです。

1～10までやることがあるとすれば、まず重要事項を決めていきます。

1～10で、やることと、やらないことを決めるのです。

たとえばやることが1、3、5、7、9とし、やらないことが2、4、6、8、10とふるい分けします。

次に優先順位を決めていきます。

先程「やる」と決めたなかでの「やる順番」を決めていくのです。

1、3、5、7、9のなかから優先度の高いものを決めます。

7→3→9→1→5というように順番を決め、何から進めていくのかを明確にしていきます。

このように、やらないことを明確化していくと、やることが自ずと見えてくるのです。

ですから、**まずは重要事項でやることとやらないことを分け、すべてをやらないと決めること。そして次に、優先順位を決め、何からはじめるのかを決めること**です。

すべてをやろうとするからできなくなることも、たくさんあるのです。

アクション31プラン

「やること」と「やらないこと」は完全に分ける

32

「よっしゃーーー！」と大声で叫ぼう

「不安や恐怖が強くて一歩踏み出せない」という悩みをよく耳にします。

不安や恐怖は、なぜ起きてくるのでしょうか。

未知なることに向かって挑戦するときは、誰もが不安を抱きます。

まったく見えない先に向かっていくのですから、当然です。不安や恐怖というものは、先が見えない、未知なることに対して起きるのです。


しかし一方で、先に向かおうとしても不安や恐怖を感じない場合もあります。

それは、いままでと同じことをしようとしているときです。

たとえば引っ越して間もないときは、家へ帰る道がわからず、不安になってしまうこともあります。でも何度も通っていると、あたりまえですが不安はなくなります。


人生は、これと同じです。

把握できたり、予測できることには、何の不安や恐怖も持たないのです。

しかし、同じ道をずっと歩いていても日常に変化は訪れません。変化こそが成長です。私たちは、同じ道を歩いていても成長することはないのです。

だからこそ、あえて違う道を選び、歩むのです。

何があるかも予測できないので、不安にもなります。

でも、それと同時にワクワクもしませんか？　未知なる道を歩むと、その先には何があるのか？　何が待っているのか？　新たな出会いを楽しめるようにもなれます。

不安や恐怖は、未知なるものとの新たな出会いです。

それを楽しめるようになれればいいのです。

「不安・恐怖＝よくないこと」ではなく、「不安・恐怖＝成長」という認識に変えましょう。

不安を乗り越える魔法の合言葉

これまでと同じことをしたり、予測がつくことをしても、それはいままでと変わらないということです。

予測がつくということは、いまの自分でも理解できていることだからです。

自分を成長させたければ、自分が予測できる範囲から外に出るしかありません。

そう、わからないから成長なのです。

不安や恐怖におびえるのではなく、それは成長できている最高の合図だと思い、そのようなときはむしろ「よっしゃー！」と叫び、喜びましょう。

不安や恐怖は成長の合図。そのときの合言葉は「よっしゃー！」です。

それを習慣化できたら、不安や恐怖が来るたびに一歩前進できるようになります。

アクション 32 プラン

不安や恐怖は、成長の合図だと知る

33

「大切な人のために生きる」と、少しだけ意識してみる

このように本を読んで勉強をしていると、だんだんと自分自身がわからなくなっていくことがあります。そんなふうに、どの道を歩んでいいのか迷ってしまったら、この3つを意識することを習慣にしてみましょう。

それは「愛」「勇気」「感謝」です。

自分のことがわからなくなったら、誰か大切な人を思い出すのです。
そして、その人たちのために何ができるかを考えましょう。

誰かを愛する気持ち、子どものためや家族、仲間のためを思う気持ちは、その人たちのことを「愛する」気持ちからやってきます。

その気持ちが「勇気」となり、これまでできないと思っていたこともできるようになります。誰かのためにと思う気持ちは、とんでもない力を発揮させます。誰かを思う気持ちが、何よりも自分の可能性を広げてくれるのです。

そうやって、誰かのために行動をしていると、不思議とまわりが自分を求めてきてくれるようになります。

大切な人のために生きることは、自分の人生を生きることにつながる

特別なことをしなくても、すごい人にならなくてもいいのです。あなたが誰かのために一生懸命に生きていると、それだけで自然と、自分の道が見えてきます。

誰かに必要とされ、誰かにとって欠かせない人になると、勝手に特別な人になっていくのです。そして生きる意味が見えてきます。

どんな人でも、必要のない人なんていません。

あなたは、この世にたった1人しかいない大切な人です。

最大の生きる道は、誰かに必要とされることです。

そうやって生き方が見えてくると、「感謝」がこみ上げてきます。

「感謝」は、すべてをよくしてくれる魔法の習慣です。

何かしてもらったから感謝するのではなく、何もなくても自然と湧き出てくる感謝。これが、自分もまわりも幸せにしてくれるのです。

誰かを想う「愛」が「勇気」となり、「感謝」が湧き上がる。

大切な人のために生きる。それが自分の人生を生きるということです。

愛と勇気と感謝だけは、すればするほど増えるものです。この無限にあるパワーを増やしまくる人生にしましょう。

それが習慣化されたあなたは、もう大丈夫です。何が起きても幸せしか訪れません。

あなたの人生が、どうか素敵であることを心から願っています。

アクション 33 プラン

あなたにとっての大切な人を思い出す

34

「やりたいことがあってもできなかった人たち」のことを想像する

自分がいまここにいることは、決してあたりまえではないことを知りましょう。

いますぐに行動できなかったり、なかなか習慣化できずに悩んでいたとしても、私たちには明日があります。

いますぐできないのは、余裕を持ってしまっているということでもあります。現実に甘えているということです。


少しだけ昔の話をさせてください。

私たちはいま、平和のなかで生きることができています。

しかし、数十年前には生きたくても生きられなかった人がたくさんいたのです。

日本が戦争をしていたときに、「一撃轟沈」と、自らの命を懸けて敵艦へ突っ込んだ17歳から25歳までの若者たち。彼らの名を「特攻隊」と言います。

命が下れば明日、出陣。そうすると、もう二度と帰ってこられない。

やりたいことがまだある。行きたい場所がある。伝えたいことがある。会いたい人がいる。でも、それができない。


そう思うと、いかがでしょうか？

いま何でもできる私たちは、どれだけありがたく、幸せなことか。

命の時間を意識しよう

私たちは何でもできる。まだまだ何でもできる。

なぜなら明日があるからです。明日を生きられるからです。

明日に甘えるのではなく、明日に感謝し、明日を精一杯に生きることです。

やれていないことをそのままにするのではなく、いますぐやれることに感謝をして、いますぐやれることをもっと大切にするのです。

本当に、後悔のない生き方ができているか？

後悔とは、大切な人や大切なことを大切にしなかったときに起きます。

後悔とは、いまできることをしなかったときに起きます。

命の時間を知る。それが、いまを本気で生きるということになるのです。

いまを本気で、丁寧に、大切に、感謝をしながら、いまできることに喜びを感じて生きましょう。そうすれば、何に対しても迷わずに、あきらめずに、逃げずに、すぐにやれるようになります。


もし明日、人生が終わるとしたら、あなたは何をしますか？

アクション 34 プラン

いま何でもできることを、ありがたがる

大丈夫、
あなたは素晴らしい。

あとがき

最後まで読んでいただき、ありがとうございます。とてつもない数の本があるなかで、本書と出合い、手に取っていただき、心から感謝の気持ちでいっぱいです。

すべての出会いやご縁には、意味があると思っています。

何のためにいま、私たちは出会い、つながることができたのか?

それを考えてみると、お互いが持っている何かが反応し、共鳴し合うことができたからにほかなりません。

本書でいうならば**「すぐやる」ということや「習慣化」というテーマに、あなたが反応してくださったから、私たちは出会うことができました。**

このことが意味するのは、もうすでにあなたは「すぐやる」ことや「習慣化」の才能を持っているということです。

なぜなら、人はできないものには反応しないからです。興味すら持ちません。

習慣化なんて苦手だけれど、心のなかでは「できたほうがいい」と思っているから手に取ってみたのです。それは、あなたのなかの習慣化の才能が開いた一歩です。

その才能があることに気づき、どこまでも伸ばしていただければと思います。


私がこの本でとにかく、あなたにお伝えしたかったこと。

それは「**もう、がんばらなくていいんだよ**」ということ。

これまでは「それはやってはダメ」「そんなの意味がない」と思われていたことも、じつはそんなことはありません。まずはどのような方法でもやってみることです。

本編でも紹介しましたが「まずは触れてみる」という考えが、自分を救うことにもなります。輝かしい未来のはじまりになったりもするのです。

「本は1行だけ読む」という極端な内容もお伝えしましたが、それもこれも「本は最後までがんばって読むもの」という常識的な考え方よりも、「少しずつでいい」「楽しみながらでいい」ということを大切にしたいがためでした。

もう、力を入れて、歯を食いしばって、がんばり続ける時代は終わったからです。

「しなければいけない」と自分を追い込みながらしても、負担をかけるだけです。

いかに楽しく、ワクワクしながらできるかです。

ですから、正しさよりも、すごさよりも、カッコよさよりも、「楽しくできる方法」を見つけていくのです。

いたって普通の私が、このように出版をさせていただけるようになったことも、楽しみながら習慣を続けてきたからです。

「出版」と聞くと、難易度が高く、「自分なんてできるはずがない」と思われるかもしれませんが、それでも本を出したいと強く願っていれば、チャンスは訪れます。

大切なのは、そのチャンスを掴もうとするかどうかです。

私の場合は「日本ビジネス書新人賞」という企画に応募し、応募者300名のなかで「特別賞」をいただくことができたおかげで、本書の出版に至りました。

その企画を知ったのも、音声SNSの「Clubhouse」で毎日配信をしていたことがきっかけでした。配信することが習慣化し、継続できていたことで、多くの方に知っていただき、この企画を知り、お声がけをいただけたのです。

がんばるではなく、楽しく習慣を続けていたことがきっかけだったということです。

あなたもがんばるのではなく、楽しみながら未来の自分を信じてみてください。

大丈夫、あなたは素晴らしい。必ず輝く未来が待っています。


最後に、出版のきっかけとなった方々に感謝の想いを伝えさせてください。


まず「日本ビジネス書新人賞」にエントリーするきっかけをいただいたのが、書道家の武田双雲さんでした。双雲さんとはClubhouseをきっかけに親しくさせていただき、私が東京へ引っ越しをしてきた際には、いつも気にかけてくださいました。

私が「日本ビジネス書新人賞」に企画書を送るかどうかを悩んでいたときも、たまたまご連絡をいただき、**「卓也くん、絶対やったほうがいいよ！」**と背中を押してくれました。

双雲さんに背中を押してもらわなければ、間違いなく本書は誕生していません。

そして「出版の道へ進みたい！」と強く思わせてくださった3人の大先輩がいます。

1人目は、世界的ベストセラー作家の本田健さんです。まさに出版業界のレジェンドのような健さんとの出会いにより、出版への意識が明確に高まりました。

決め手は健さんの研修センターにお邪魔した際に、対談をさせていただいたことでした。そのときに、強く「**作家になりたい**」という自覚が生まれたのです。

2人目は、講演家の大嶋啓介さんです。いま大変ありがたいことに、大嶋啓介さんと一緒に講演をしながら、日本中をまわらせていただいています。

講演会後に啓介さん著書のサイン会がおこなわれるのですが、いつもその姿を見ながら「いつか自分もそちら側に立ちたい」と思えるようになりました。

啓介さんの本の販売を手伝わせていただいたときに、啓介さんのサイン本を手にされたお客さまがすごく喜んでいる姿を見て、**本の与える影響や素晴らしさを知り、ますます出版への意欲が高まりました。**

そして3人目は、今回の「日本ビジネス書新人賞」のエグゼクティブプロデューサーである永松茂久さんです。

私の新たな人生のきっかけを与えてくださったのが、永松茂久さんでした。

当時は大阪に住んでいた私を「卓也、東京に来い！」と誘っていただき、そのことがきっかけで私は東京に住むことを決断できました。東京に住んだことにより、出会う人が変わり、仕事の質も変わり、あきらかに人生のステージアップをすることができました。

そして**「卓也もいつか本を書け、俺は出版業界を盛り上げたい」**という永松さんのお言葉を聞き、出版に対しての覚悟が決まりました。

ほかにも、たくさんの方々のおかげでいまの私がいるのですが、とくに出版に関してきっかけをくださった4名に感謝の気持ちを込めて、お名前を挙げさせていただきました。

そして、このたび「日本ビジネス書新人賞」からご縁をいただいた、すばる舎の上江洲安成さん、原口大輔さん、編集を担当してくださった編集長の小寺裕樹さん。小寺さんに関しては何度も何度も向き合っていただき、ときには厳しく喝を入れてくださいました。おかげで、無事にこの本を誕生させることができました。ありがとうございます。

いままで私を応援してくださり、今回の出版も共に盛り上げてくださった、「ALL HERO」の仲間をはじめ、ほかにもたくさんのコミュニティの仲間に、本当に本当に感謝の気持ちでいっぱいです。仲間の存在があったからこそ、ここまで来ることができました。コミュニティの仲間へ。いつもいつも、ありがとうございます。

そして最後に、私をずっと支えてくれて、出版が決まったことを自分のことのように喜んでくれた母と妻に感謝の気持ちを贈ります。

母さん、あのどうしようもなかった息子が、本を出させていただけるようになりました。女手ひとつで、ずっと育ててくれてありがとうございます。まわりの方への感謝を忘れず、これからもっともっと、世の中に貢献できる人になります。

そして、最愛の妻セリ子へ。本当に駆け出しのころから、ずっと信じてついてきてくれてありがとう。どんなときも支えてくれて、応援してくれて、それが何よりもの力となりました。今回出版が決まったときも、「必ずベストセラーにする！」と心強い言葉をくれ、また出版パーティーまで主催してくれて、本当にありがとう。どれだけ感謝しても、しきれません。

たくさんの方々のおかげでいまの私があり、この本が誕生しました。関わってくださったすべての皆さまへ感謝を申し上げます。ありがとうございます。

本書を手に取っていただいたあなたにも、またどこかでお会いできる日を、心から楽しみにしております。そのときにはぜひ気軽に声をかけてくださいね。

水江卓也

著者プロフィール

水江卓也（みずえ・たくや）

株式会社NARU代表取締役。株式会社ALL HERO代表取締役。累計2万人を動員したインスピレーショナルスピーカー。世界中で講演活動をおこない、おもに「習慣形成」や「行動変容」を伝え続け、延べ5000人をプロデュース。また、累計1万人のコミュニティを運営し、一人ひとりが習慣を変え、新たな行動を起こすきっかけづくりを支援。「ALL HEROプロジェクト」として、すべての人の個性を活かし、人を輝かすことのできるリーダー（ヒーロー）を育成し、「応援」や「助け合い」のつながりの循環をテーマに、国境を越えて世界中で活動。コミュニティをつくり、世界3か国にて学校支援もおこなう。企業に対して人財コンサル、プロサッカーチームなどアスリートのメンタルトレーナー、子育てを「個育て」に変える親子コーチングスクール「Growing up」の塾長。日本最大級のリーダーコミュニティ「先幸会」代表理事。自身も習慣を変え、行動が変わったことにより、当時は無名だったデビュー講演で、大阪市中央公会堂に1100人を集客し、講演。化粧品営業で、1年で1億円の売上を達成した記録もある。本書が初の著書。

すぐやる習慣、はじめました。

2023年7月12日　第1刷発行
2023年8月26日　第3刷発行

著　者　　水江卓也

発行者　　徳留慶太郎
発行所　　株式会社すばる舎
〒170-0013　東京都豊島区東池袋3-9-7 東池袋織本ビル
TEL　03-3981-8651（代表）　03-3981-0767（営業部）
FAX　03-3985-4947
URL　　https://www.subarusya.jp/

プロデュース　永松茂久
ブックデザイン　池上幸一
印刷・製本　モリモト印刷

落丁・乱丁本はお取り替えいたします
©Takuya Mizue 2023 Printed in Japan
ISBN978-4-7991-1146-8